草書体で解く
邪馬台国への道程
書道家が読む魏志倭人伝

井上よしふみ
Inoue Yoshifumi

梓書院

草書体で解く邪馬台国への道程　書道家が読む魏志倭人伝

目次

第二章　魏志倭人伝の旅程

第三章　旅程解釈

第四章　陳寿が記した倭国

第五章　魏志倭人伝の発音・借字の読み

草書体で解く邪馬台国への道程

書道家が読む魏志倭人伝

はじめに

耶馬臺国（邪馬壹国の「邪」は「耶」の、「壹」は「臺」の誤り、後述するが、陳寿は「耶馬臺国」と記したはずである。以後「耶馬臺国」と記す）の名は、江戸時代前期の松下見林《まつしたけんりん》の『異稱日本傳第一冊』で初めて紹介され、その後江戸時代後期の新井白石《あらいはくせき》が著した『古史通或問』と『外国之事調書』の二つの著書で、初めて耶馬臺国の候補地が発表されました。新井白石は、『古史通或問』では大和国説を説き、『外国之事調書』では筑後国山門説を説きました。それ以後、「近畿説」と「九州説」の二大論を中心として耶馬臺国論争が続いてきました。

『魏志倭人伝』の帯方郡から倭国の女王国の都とされる耶馬臺国への道程記事では、最初に帯方郡から不彌国までの一連の里程記事が記され、それに続けて投馬国（「投」は「殺」の誤りか）への日程記事が、さらに続けて耶馬臺国への日程記事が記されています。

ところで、『三国志』の本文は漢文の棒書きで書かれていることから、耶馬臺国への道程の解釈について、一部には「伊都国起点の放射説」などの説があるものの、三つの旅程を一連として続けて読む「帯方郡起点の順次式（順次説）」の解釈が一般的とされてきました。しかしこの順次説の解釈は、当時の時代背景や倭国の状況から見れば無理があります。むしろそれぞれの旅程記事は、帯方郡起点の放射式の旅程と考えるのが『魏志倭人伝』の記述と現実が合致していて合理的です。

現在、耶馬臺国の比定地は国内にとどまらず、外国に及ぶ説さえあります。しかし国内に限ってみれば、一部に異説はあるものの、大方は、畿内を中心とする近畿に求めようとする「近畿説」と、九州内に求めようとする「九州説」のいずれかに大別されます。

近畿説の大方の根拠は、その旅程を順次説（順次式）で計算し、不彌国以降の旅程の「南」を「東」の誤りとして九〇度左回転させて解釈するものです。しかし倭国内の当時の状況や、陳寿の『三国志』成立の過程を考慮しつつ『魏志倭人伝』の記述をみれば、その根拠とする、すべての旅程を順次式に解釈するのは無理があります。つまり『魏志倭人伝』の記述から解釈すれば、耶馬臺国の比定地を近畿に求めるのは無理があり、九州内に求めるのが自然の理です。

近畿説のもう一つの根拠は、邪馬台国を「ヤマタイ国」と読み、「ヤマト」の発音との近似から、後の時代の大和朝廷と関連付けるものです。しかし漢字の読みの発音は字の成り立ちや構成に関係があり、その根拠である「台」の字が「臺」の字の新字体とされるのは後の時代のことです。後漢の許慎が西暦一〇〇年に成立させたといわれる中国最古の部種別漢字字典の『説文解字』では、「台」と「臺」の二字は成り立ちも異なりまったくの別字です。このことから、当時は「台」と「臺」の読みの音韻が異なっていたと思われます。

「台」の字は上古音では「タグ（t'əg）」ですが、それ以外ではいずれも「タイ（t'ai）」です。しかし「臺」

の字は、中元音韻と北京語および現代音では「タイ（t'ai）」、漢音も「タイ」で、「台」と同じ「タイ」ですが、それ以前の時代の上古音では「ダグ（dəg）」で、中古音と呉音では「ダイ（dai）」です。

『魏志倭人伝』の本文は漢文の棒書きで書かれていますが、国名や人名等の固有名詞部分は漢字を読みに当てはめた「借字」で現わされています。この借字の読みには一つの法則があります。それは仮名の法則と同じで一字を一音で表記し、しかもその発音音韻中の音のみで読むことです。

その方法で『魏志倭人伝』のそれぞれの国名を読めば、帯方郡の使節がたどった耶馬臺国に至る倭国内の六国と倭国の女王卑弥呼が制した二一国が北部九州を中心に存在したことが明らかになります。

前著の『草書体で解く邪馬台国の謎―書道家が読む魏志倭人伝』（二〇一三　梓書院）では『三国志』が草書体で書かれていたことを論証し、それを基に『魏志倭人伝』の字の誤りを草書殺字（くずし）が同一のものと置換して読み解けば、『魏志倭人伝』に登場する耶馬臺国に至る六国と、女王卑弥呼が制した二一国が倭名類聚抄記載の北部九州の郡郷名にほぼ一致していることを明らかにしました。

本著では、前著発刊後の研究成果を記載して前著を補完するとともに、また前著とは異なる観点から『魏志倭人伝』の記述を読み解き、陳寿が『魏志倭人伝』に記した耶馬臺国の謎を明らかにしていきます。

第一章　陳寿の魏志倭人伝

『魏志倭人伝』には文字の誤りがあるといわれてきました。「耶馬壹国」と記された部分の「壹」は「臺」の誤りではないか、というのがその代表的なものです。その他にも、「一大国」の「大」は「支」の誤り、「會稽東治」の「治」は「治」の誤りではないか等が議論されてきました。

ところが、その字がどの字の誤りでなぜそういえるのか、ということはあまり問題とされず、単に「似ている」あるいは「似ていない」などで議論されてきました。しかし本来ならば、「比較検討の対象書体は何か」、あるいは、「その書体での比較検討でよいのか」等の議論が、「似ている、似ていない」より先になされるべきです。

なぜならば、結論を先に決めてそれに従うものだけを抽出して行う議論は意味がなく、それを正当性の根拠とするのは誤りです。確かな事実認識と理論に基づいて判断された結論でなければ、事実誤認や間違った解釈による判断の結論でしかありえないからです。確かな事実認定に基づいて論証されて導き出された結論でなければなりません。

ですから、単に「似ている」というだけでは根拠となりえず、どの書体で比較検討すべきかが最も大事であり、正確な事実に基づく書体での比較検討の結果の「似ているか否か」の判断が根拠でなければなりません。つまりは、「〇〇のためにする議論」では意味はないのです。

確かに『魏志倭人伝』で誤りとされる「壹」と「臺」、「治」と「治」等の互いの文字を一例として「似ているか」と尋ねれば、大方は「似ている」と答えることになります。しかし同じく、『魏志倭人伝』で誤りとされる「對海国」(以後、對海国・對馬国の「對」は「対」と記す)の「海」と「馬」、「大」と「支」を

「似ているか」と尋ねれば、大方は、「似ていない」と答えることでしょう。

ここでいうところの「海」と「馬」は、また、「大」と「支」は、本当は似ているのでしょうか。それとも似ていないのでしょうか。大方の人は何を根拠としてその判断をしているのでしょうか。その基準はいったいいなんなのでしょうか。

おそらくは「楷書《かいしょ》」（手書きの書体）や「楷書体《かいしょたい》」（印刷されたものの書体）で比較検討して、その結果として「似ている」としていたことでしょう。しかしそもそも「似ている」ことの根拠としていた「楷書体を比較検討の根拠とした」こと自体が誤りだったのです。なぜならば『魏志倭人伝』を含む『三国志』が、楷書や楷書体で書かれたはずがないからです。

『三国志』は西晋の陳寿が、それ以前に成立していた王沈《おうちん》の『魏書《ぎしょ》』や、陳寿とほぼ同年代の三世紀末の晋の歴史家で、彼より数年〜十数年早く没したと言われる魚豢《ぎょかん》が太康《たいこう》年間（二八〇〜二八九年）に書いたとみられる『魏略《ぎりゃく》』、あるいは夏侯湛《かこうたん》の『魏志《ぎし》』、あるいは韋昭《いしょう》の『呉書《ごしょ》』などを整理して撰述し、二八五年に成立したといわれます。『魏志倭人伝』は『三国志』全六五巻の一部ですが、この『魏志倭人伝』を含む『三国志』の原本は実は「草書《そうしょ》」で書かれていました。このことについては、前著の『草書体で解く邪馬台国の謎―書道家が読む魏志倭人伝』で述べたところです。

この原本は「草書」で書かれていたことを認識することが、『魏志倭人伝』を解釈するうえで、大切な条件です。第一章では、まずは前著につづき再度、草書もしくは草書体で書かれていたことの論証の要点を掲載します。

第一　文字のフィルター

江戸時代以来、陳寿の『三国志』に記された倭国の女王卑弥呼が都とした耶馬臺国の場所の比定には諸説発表され、耶馬臺国論争が続いてきました。畿内を中心とする近畿説と北部九州を含めた九州説の二大説を中心として、諸説登場してきました。

『三国志』は西晋の陳寿が撰述して二八五年に成立しました。この『三国志』の中の魏書の東夷伝の倭人条の部分を指して、通称『魏志倭人伝』と呼んでいます。

ところで、陳寿の『三国志』は、中国漢字のうちのどの書体で書かれていたかを考えたときに、ほとんどの方が「楷書（楷書体）」であるとの勘違いをしています。礼儀作法をはじめ様々な世界で「楷」が最も正式で、それを簡略化して「行」が発生し、もっと簡略化させて「草」が発生したとされてきたので、書体の変遷も然りと勘違いをしたからと思われます。

一　書道史の観点から

中国の漢字の萌芽は刻符に始まり、その最古は紀元前五〇〇〇年頃と推定される陶片符号だといわれています。それ以外にも殷代中期にかけての陶片記号や陶文などが確認されています。しかし現在のところこれらはまだ十分に解明されておらず、一般的には文字資料として取り扱われません。

現存する体系的な文字表現が可能な文字資料では、殷（前一五〇〇頃～前一二〇〇年頃）時代の甲骨文字が最古と考えられています。甲骨文字からは、殷・周（前一二〇〇頃～前二五六年）時代の金文や石鼓文へと変化し、秦（前二二一～前二〇六年）時代には、籀文といわれる大篆を簡略化して改変した小篆という正式書体に変遷しました。これらは、いずれも書体上は広義の篆書に含まれます。その後それらに波磔が現われて隷書が芽生えました。隷書は、篆書の筆画を整理・省略して曲線や円を直線や方形に変えて実用に適するようにした書体で、実用書体として一般的に用いられました。

しかし、一九七九年に秦の武王二（前三〇九）年と四（前三〇七）年の紀年の田律木牘が発見され、これらが隷書の書法であることから、秦隷（古隷）の具体的な姿が明らかになり、隷書の成立が秦の統一以前であることがわかりました。

しかし同時に隷書の早書き体として章草ができ、さらには篆書の早書き体として章草を変化させた草書ができました。文字を一定の原理に基づいて分類配列して解説した中国最古の字書で、後漢の許慎が著した『説文解字』の敍の『説文解字敍』には「漢朝が興起すると、草書が生まれた」とあります。また西晋の衛恒が四體すなわち古文・篆書・隷書・草書の四種の書体について各々の字勢を論述し著した『四體書勢』には「漢が興って草書ができた。これを作った者の名前はわからない」と記されています。これらの記述から、草書の発生が漢の成立とほぼ同時期と考えることができます。

漢字の書体の変遷

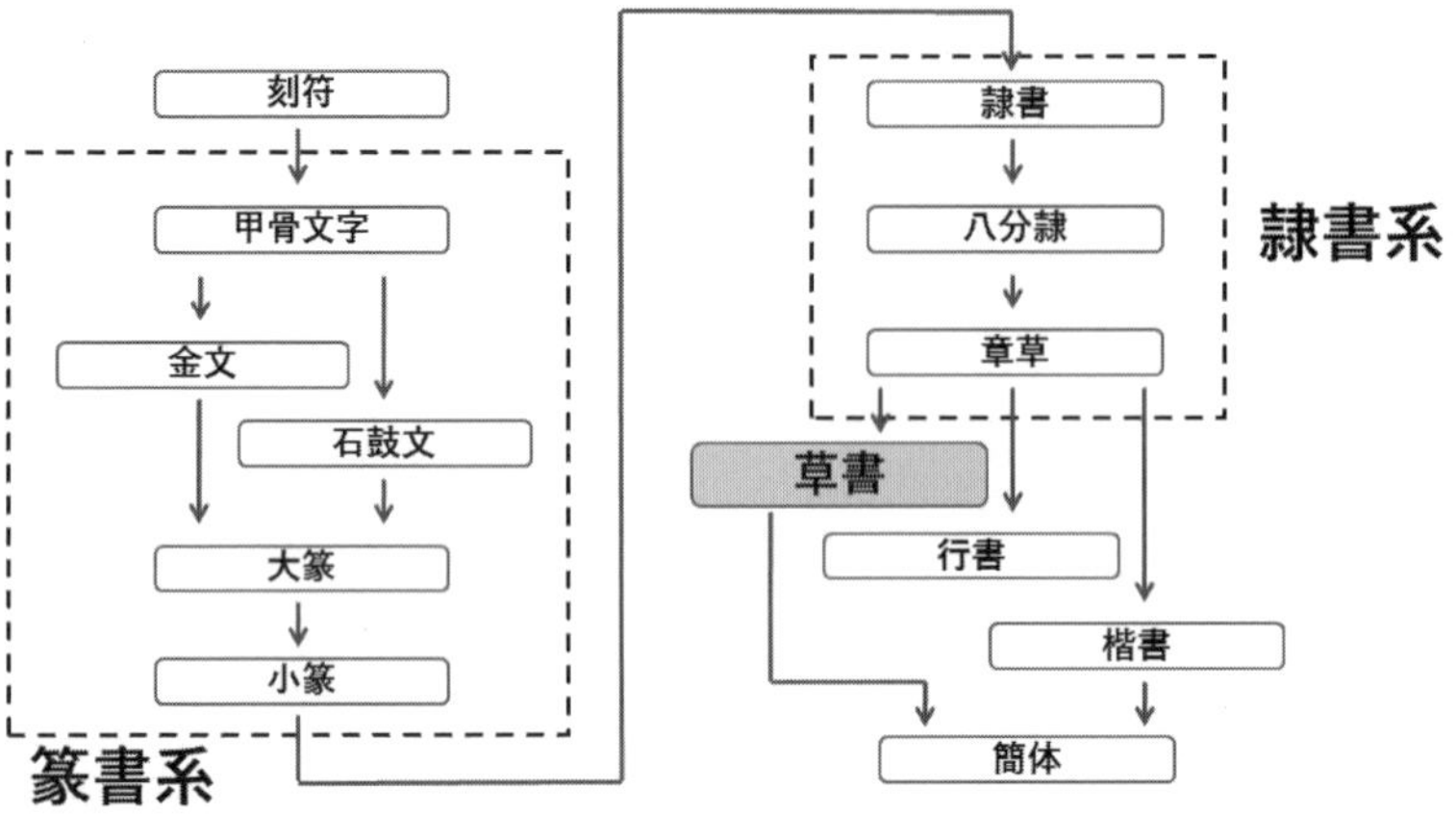

前漢（前二〇六～後八年）には隷書が通行書体となり、後漢（二五～二二〇年）時代にはこれらが八分隷として公式の標準体となりました。しかし一方、補助書体としての草書が盛んに使用されていました。そのことから、後漢は八分隷の完成時代であると同時に実用書では草書が盛んに使われた時代といえます。

後漢が二二〇年に滅んで、魏・呉・蜀の三国が天下の覇権争いを始め、魏を簒奪した司馬炎が二八〇年に呉を滅ぼし、そして天下平定して晋を建てるまでの六〇年間を三国時代といいます。三国時代の魏・晋の紀年の木簡の一部には行書・楷書の萌芽もみられますが、この時代の実用書では草書が使用されていました。

東晋（三一八～四二〇年）では王羲之（三〇七頃～三六五年）が楷書・行書を、それぞれ独立書体として確立させ、これによってはじめて楷書・行書・草書の三体の書体が出そろいました。

隋（五八一～六一八年）時代は南北の書風の合一時代で、つづく唐（六一八～九〇七年）時代では、初唐の時代に楷書ならびに王羲之の行草が完成しました。楷書は六五〇年頃に完璧に完成し、ここにおいて篆書・隷書につづいて楷書が第三の典型となって、その後の中国及び日本での公式書体として定着をみることになりました。

このように、中国書道史から検証すれば、『三国志』の原本が書かれた時代や撰者の陳寿が生きた時代、元資料の『魏略』等が書かれた時代には、楷書体はその萌芽はあってもまだ完成されておらず、また墓碑等の正式書体では隷書が使用されたが、実用的な通行書体ではほとんど草書が使用されていました。

草書は楷書あるいは行書から発生したと考えられていますが、実際は隷書の早書き体（草隷）から生じたものです。ですから漢字書体の変遷の中では、楷書を崩して行書ができ、行書を崩して草書ができたという解釈は誤りです。

二　当時は楷書体ではない

現存する『魏志倭人伝』の写本の書体が楷書であることから、大方は陳寿の『三国志』の原本書体も楷書と思い込んでいます。しかしこれは誤りと思われます。

漢字成立の観点から見れば、陳寿の『三国志』成立時点において、書体としての楷書はまだ確立されていません。陳寿が『三国志』を撰述し成立させたのは、西晋二一（二八五）年と考えられています。一方、

『魏志倭人伝』の写本

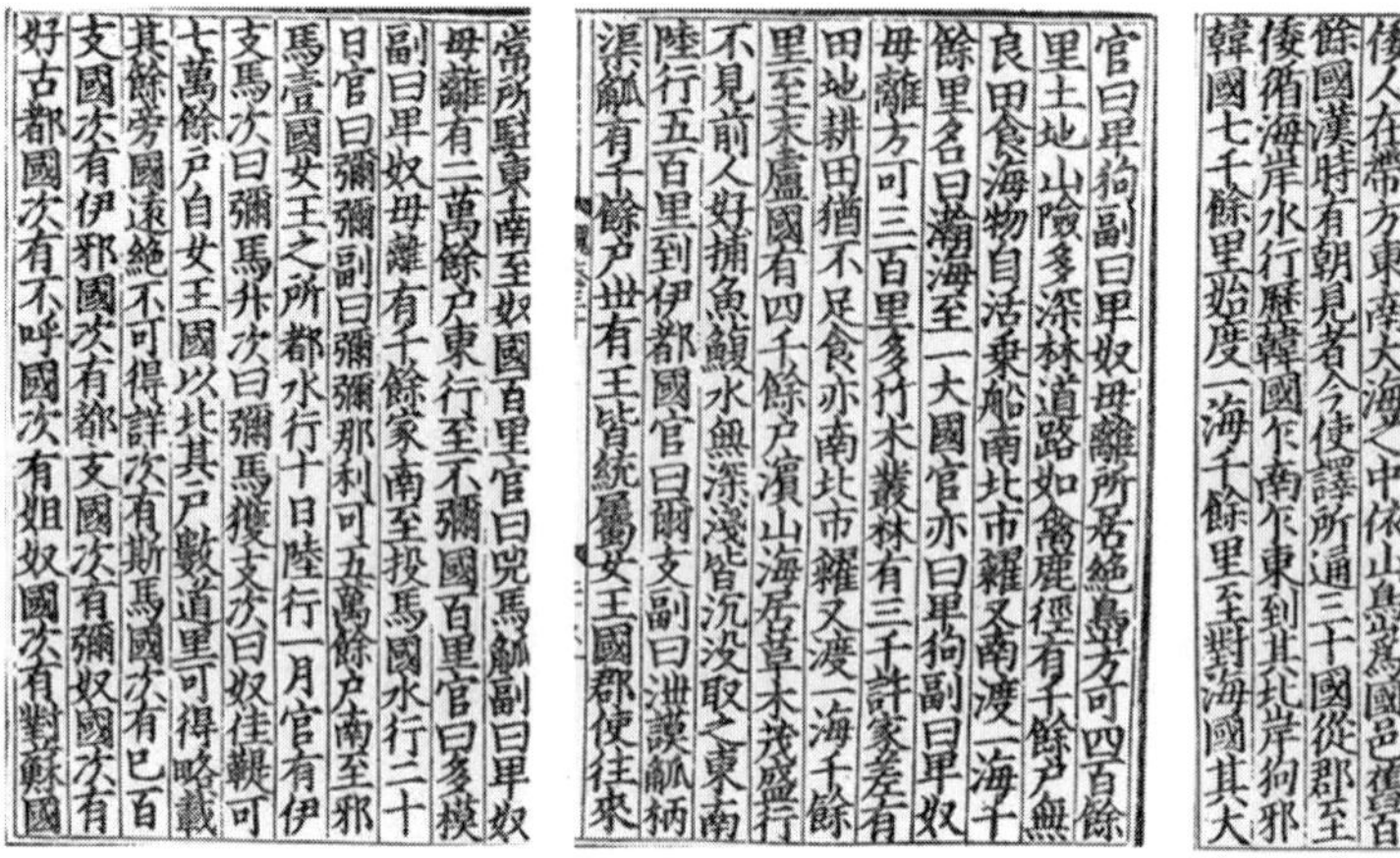

倭人傳
倭人在帶方東南大海之中依山島爲國邑舊百
餘國漢時有朝見者今使譯所通三十國從郡至
倭循海岸水行歷韓國乍南乍東到其北岸狗邪
韓國七千餘里始度一海千餘里至對海國其大
官曰卑狗副曰卑奴母離所居絶島方可四百餘
里土地山險多深林道路如禽鹿徑有千餘戸無
良田食海物自活乗船南北市糴又南渡一海千
餘里名曰瀚海至一大國官亦曰卑狗副曰卑奴
母離方可三百里多竹木叢林有三千許家差有
田地耕田猶不足食亦南北市糴又渡一海千餘
里至末盧國有四千餘戸濵山海居草木茂盛行
不見前人好捕魚鰒水無深淺皆沉没取之東南
陸行五百里到伊都國官曰爾支副曰泄謨觚柄
渠觚有千餘戸丗有王皆統屬女王國郡使往來
常所駐東南至奴國百里官曰兕馬觚副曰卑奴
母離有二萬餘戸東行至不彌國百里官曰多模
副曰卑奴母離有千餘家南至投馬國水行二十
日官曰彌彌副曰彌彌那利可五萬餘戸南至邪
馬壹國女王之所都水行十日陸行一月官有伊
支馬次曰彌馬升次曰彌馬獲支次曰奴佳鞮可
七萬餘戸自女王國以北其戸數道里可得略載
其餘旁國遠絶不可得詳次有斯馬國次有已百
支國次有伊邪國次有都支國次有彌奴國次有
好古都國次有不呼國次有姐奴國次有對蘇國

前述のごとく、書体としての楷書が確立されるのは隋や唐の時代になってからだからです。

したがって、陳寿が『三国志』の原本の草稿を撰述し筆記するにあたり、いまだ未確立の書体である楷書で記述することは絶対にありえません。

つまり、『三国志』の陳寿自筆の原稿は、楷書で書かれたものではないことは明らかです。

三　実用書の通行書体は草書体

文字をものに書いたり刻したりする場合に使用される文字書体は、目的に応じて使い分けられます。墓碑等の書と実用書では、当然その目的も異なります。墓碑等の場合は、後に書き改められることがないことが前提であり、文字の原形を永くとどめることが求められ、そのためにも風格や端麗さなどの装飾性の高い文字が合致することから、篆書体や隷書体が使用されることが多くあります。

一方で実用書の場合は、記録として書きとどめることが前提で、しかも後に書き改められて清書されることもあり、また永く保存されるものと定められたものでもないことから、風格や端麗さなどの装飾性などはあるにしても、それよりも書写速度などがより求められます。また、ここで使用される書体や書写速度の関係は時代性や当時の時代背景との関係が深く、平和な時代においては書写速度を上げる必要のないことから、ゆったりと優美にあるいは端正に書くことも可能で、そういう書体や書き方が求められるものですが、乱世や戦時においては、より速書性の高い書体や書き方が重んじられるものです。そのことから、実用書では、後の時代にはより誤りの少ない書体であることから楷書も登場してきますが、それよりも草書や行書が多く取り入れられ、とくに戦いの時代においては草書が通行書体として使用されていました。

陳寿の『三国志』成立は西晋の時代の二八五年ですが、そこに至る後漢の滅亡から隋の統一までの六朝時代は魏晋南北朝時代とも呼ばれ、数百年にわたる歴史的動揺の時代で、中でも特に『三国志』の時代は戦乱の世でした。

戦乱の時代では、そこに記されるものは状況報告のための記録や武器、食料、要員の増派要請などが殆どで、いつ戦闘状態に突入するかもわからないので速く早く書き上げる速書である必要性があり、このような戦乱の時代の通行書体は草書でした。

第二　撰述のフィルター

『魏志倭人伝』の解釈の方法も人それぞれに様々ですが、解釈方法には、大方が陥りやすいいくつかのポイントがあります。その第一が「陳寿の『三国志』の原本は草書で書かれていた」ことです。そして第二が、「陳寿の『三国志』は撰述されたもの」であることです。

前述のとおり、陳寿の『三国志』が複数の文献・資料をもとに撰述されたものであることは大方が周知しているところです。ところが『魏志倭人伝』の解釈に至っては、得てしてこの周知のはずの「複数の文献・資料をもとに撰述されたものである」ことを忘れがちです。

『魏志倭人伝』の解釈に際しては、とくに旅程に関して、この「撰述されたものである」ということを忘れることは、一つのブラックボックスに陥りがちなポイントと思われます。そのことからもこの「撰述」を正しく理解しておくことが必要です。

一　「撰述」とは

「撰述」とは、『日本語大辞典』（一九八八九　講談社）によれば、「詩歌・文章をえらび、また書き加えたりすることと」とあります。

陳寿は『三国志』の撰述にあたり、もととなるそれぞれの文献からの文言を選択して選び出し、それらを並べ替え、書き直しや書き加えあるいは削除をして、数回にわたる校閲・構成・校正を繰り返して『三国志』を成立させたであろうことが推察されます。

二　『三国志』は『魏略』や『魏志』をもとにした

陳寿の『三国志』は、王沈の『魏書』（二六〇年代前半に書かれ、鮮卑・烏丸などの風俗や習慣あるいは文化などについて詳しく記述されている）や魚豢の『魏略』（帯方郡から耶馬臺国への旅程や倭人の生活や習慣などの記述部分は、殆どがこの「魏略」の記述に基づいたものとみられ、『魏志倭人伝』の三分の二余りが魏略の記述に基づくものとみられている）、あるいは夏侯湛の『魏志』、あるいは韋昭の『呉書』などを整理して著述されたといわれ、特に『魏志倭人伝』の部分は『魏略』の影響が強く、「この大半が魚豢の『魏略』によったことはうたがいない」（『倭人伝』）といわれています。また、『魏志倭人伝』は、魏の使節団が二三九～二四八年の間に、何度も倭国の地を訪れて滞在した時の報告がもとになったともいわれます。

このように、『魏志倭人伝』は、陳寿自身が倭国の耶馬臺国を来訪してそこに至る旅程記事を列挙したものではなく、それ以前に成立していた『魏略』や『魏志』等の歴史書の記述、あるいは、魏の使節の倭国への旅程記録や倭国の使節団が魏を訪れた時の記録等をもとに撰述して成立させたものです。

三　撰述に要する時間

ところで、『三国志』全体の文字数と陳寿が撰述して成立するまでに要した時間との関係からも、『三国志』の原本が草書であったことがわかります。

『晋書』の陳寿伝ならびに『華陽国志』の後賢志陳寿伝等の記録から、『三国志』は、陳寿の四九歳（二八一年）から五三歳（二八五年）までの四年あまりで撰述され、二八五年に成立したことが明らかです。

『三国志』は、全六五巻（魏書三〇巻、呉書二〇巻、蜀書一五巻）で成り立っています。特に、魏書の巻第三〇は「烏丸鮮卑東夷伝第三十」と題されていて、この巻には「烏丸」・「鮮卑」・「夫餘」・「高句麗」・「東沃沮」・「挹婁」・「濊」・「韓」・「倭人」の九つの条が作られています。この中の倭人の条が通称『魏志倭人伝』と呼ばれています。

『三国志』の現存する写本で特に有名なものでは、紹興年間（一一三一～一一六二年）の刊行とみられる紹興本と、紹熙年間の刊行とされながらも慶元年間（一一九五～一二〇〇年）の刊本が存在していて、民間刊行の坊刻本といわれる慶元本（紹熙本）がありますが、紹興本は一九八五文字からなり、慶元本は一九八四文字からなります。『魏志倭人伝』を含む刊本では紹興本が現存する最古の写本といわれています。

一方、『魏志倭人伝』は『三国志』のごく一部ではありますが、それでも一九八五文字で成り立っています。そして、『魏志倭人伝』は『三国志』の三〇〇分の一の分量といわれることから、『三国志』全体では、約六〇万もの文字が存在していることになります。

一例として、楷書で「書」の字を書写すれば、約三〇秒ないし五〇秒程度です。篆書や隷書ではそれ以上の時間を要します。しかし草書ではわずか二秒弱で書写できます。このように、実際の各書体の書写時間を比較すれば、草書が漢字書体中で最も速書できる書体で、つまり草書で書写すればいかに時間を短縮できるかがわかります。

楷書の漢字一文字の平均書写時間を四〇秒と仮定して推計すれば、『三国志』全体の約六〇万文字を一回書写するには二四〇〇万秒、つまり六六六七時間が必要です。これは、一日八時間の筆写を行っても八三三日間、つまり二七ヶ月以上、すなわち二年三ヶ月以上が必要なことになります。

『三国志』の撰述には、

① それぞれの元資料の中から必要部分を選定する。
② 選定した必要部分を抽出し書写する。
③ 順番を並べ替えて書写する。
④ 校閲して書写する。
⑤ 校正して書写する。

草書・隷書・篆書の比較

草書体　隷書体　篆書体

楷書と草書の比較

楷書体　草書体

⑥　清書する。

という、おおむね六工程の作業が必要です。そしてこの間に、少なくとも五回は書写作業を繰り返すことになります。このことから、この五回の書写作業の全てを楷書で行ったと仮定すれば、書写以外の他の作業時間を全く考慮しないとしても、最低三万三三三三時間が必要になります。これは、仮に一日八時間の作業を続けても四一六六日間、つまりは、一一年以上の歳月が必要なことになります。

ところが、前述のとおり『三国志』は四年余りで撰述されていて、この期間での成立は、楷書・篆書・隷書のどの書体でも不可能であり、草書以外の書体では絶対になしえないし、このことからも、陳寿の『三国志』の原本が草書で書かれていたことが明らかです。

第三　筆写収得のフィルター

『魏志倭人伝』を含めた陳寿の『三国志』は、現在、中国の正史といわれる官制の歴史書二八種類の一つに数えられます。そのことから、大方が、西晋の陳寿が各種の資料を整理し、まとめて撰述し成立させた二八五年の当時から、中国正史の一つとして皇帝の手元に備えられていたと思われています。

しかし、事実はそうではありません。『晋書』の陳寿伝や『華陽国志』の後賢志陳寿伝の記述を見れば、陳寿の『三国志』は、二八五年の成立の段階では皇帝の手元に保存されていたものではなく、陳寿の没後に梁州大中正、尚書郎范頵等頵から皇帝への「願わくは採録を垂れんことを」という上表が出され、それを受けて皇帝から河南伊と洛陽令の役人らに対して「筆写収得せよ」との詔が出されました。そして、陳寿の生家に派遣された役人らによって、そこで筆写収得されたものが皇帝の手元に長く保存されて、中国正史の一つになったものです。

一　当初は正史ではなかった

ところで、陳寿の『三国志』が撰述当初から中国正史の一つ、あるいは中国正史の一つであったとすれば、当然、『三国志』成立当時の彼自身の地位もそれなりであったはずです。また、仮にそうでなくても、二九七年の没年までにはそれなりの地位に昇り詰めたはずです。

ところが、東晋の永和一一（三五五）年に常璩が記した『華陽国史』の『後賢志陳寿伝』には、そのことについて、

「寿は三国の歴史を集め合わせて、魏・呉・蜀の三書、六五篇の書物を著し、『三国志』と名付けた。また『古国志』五〇編を著した。（その内容は）品格文藻ともに優美であった。中書監荀勖・中書令張華は大いにこの書を愛読し、班固・司馬遷ですら比べものにならないと評した。」

とありながらも、

「華は上表して〔寿に〕中書郎を兼任させようとした。ところが〔さきに〕寿の著した『魏志』（『魏書』）には勖の意に副わない部分があった。〔そのため〕勖は寿が中央の官職に就くことを望まず、上表して〔寿を地方の〕長広太守とした。」「寿もついに洛陽で死去した。〔寿の〕地位や声望はその才能に見合っていなかったので、当時の人々はこれを遺憾に思った。」

と記されています。

このことから、陳寿は、二〇歳で観閣令史（帝室学芸員）となり、その後、著作郎（歴史編纂官補佐）として三国の歴史を編纂したにもかかわらず、没年までにそれ以上の地位に昇ることはなかった。つまり、『三国志』は、成立時点、あるいは、陳寿没年までは中国正史ではなかったし、陳寿の『三国志』が筆写収得されて皇帝の手元に備え置かれることになったのは、陳寿没年から四年後で、陳寿の『三国志』撰述

からは一六年も後のことでした。

二　陳寿の生家で筆写収得された

このことは、唐の房玄齢が記した『晋書』陳寿伝にも述べられており、『中国古代の歴史家たち―司馬遷・班固・范曄・陳寿の列伝訳注』（以下、『中国古代の歴史家たち』）の「『晋書』陳寿伝訳注」（以下、『晋書陳寿伝』）に福井重雅氏の訳として、

「梁州大中正・尚書郎の范頵らが上表していった。『昔、前漢の武帝は詔を下して、『司馬相如の病は大変重いようであるから、〔相如が死ぬ前に、その自宅にある〕作品をすべて収得するように』と命じました。使者が彼の遺した書物を入手して〔親覧に供したところ〕、〔そこには〕封禅について述べられていました。そこで天子はその文を不思議に思われたということです。臣ら（私ども）が考えますに、もとの治書侍御史陳寿は『三国志』を著しましたが、その文辞には善を勧め悪を誡めた部分が多く、〔物事の〕得失に明らかであるので、〔陛下が民衆を〕教化する上で有益な書物でございます。文体が華麗な点では相如に及ばないものの、質朴実直な点では彼に勝っております。なにとぞ採録することをお命じくださいますよう』と。そこで詔を発して河南伊と洛陽令に下し、〔寿の〕自宅に出向いてその著書を筆写させた。寿はまた別に『古国志』五〇篇、『益部耆旧伝』一〇編を撰述し、その他の文章も後世に伝わっている。」

とあります。

このことから、陳寿の没後に、陳寿自筆の原稿の写本が、皇帝の手元に備えられて後世に長く伝えられることになったことが明らかです。

では、陳寿の『三国志』は、なぜ、成立の時点で、皇帝の手元に備えられなかったのでしょうか。

このことについては、常璩の『華陽国志』後賢志陳寿伝に記載があると同時に、『中国古代の歴史家たち』の「後賢志陳寿伝」に、福井重雅氏の訳がまとめてあります。つまり、

「陳寿は字を承祚という。巴西安漢の人である。若いころから散騎常侍譙周から学問を受けた。『尚書』、『春秋』の三伝を修め『史記』・『漢書』に精通した。聡明かつ鋭敏〔な知性の持ち主〕で、豊かで美しい文章を綴った。

（中略）

寿は三国の歴史を集め合せて、魏・呉・蜀の三書、六五篇の書物を著し、『三国志』と名付けた。また『古国志』五〇編を著した。〔その内容は〕品格文藻ともに優美であった。中書監荀勖・中書令張華は大いにこの書を愛読し、班固・司馬遷ですら比べものにならないと評した。

（中略）

華は上表して〔寿に〕中書郎を兼任させようとした。ところが〔さきに〕寿の著した『魏志』（『魏書』）には勖の意に副わない部分があった。〔そのため〕勖は寿が中央の官職に就くことを望まず、上表して〔寿を地方の〕長広太守とした。

（中略）

そこで華は上表して〔寿を〕九卿〔の地位〕に昇らせようとしたが、たまたま〔華は趙王倫によって〕誅殺されてしまった。また忠義や賢良〔の人物〕が排斥され、寿もついに洛陽で死去した。〔寿の〕地位や声望はその才能に見合っていなかったので、当時の人々はこれを遺憾に思った。」

とあります。

また、『晋書』陳寿伝には、

「陳寿は、字を承祚という。巴西郡安漢県の人である。若いころから学問を好み、同郡出身の譙周に師事した。蜀に仕えて観閣令史となった。宦官の黄皓は権力を持てあそび、大臣は皆意思を曲げて彼にへつらいしたがったが、寿だけはひとり屈しなかった。そのためしばしば譴責を被っ〔て官位を降格され〕た。」

と記されています。

これらのことから、陳寿は、若いころから同郡出身の譙周に師事して学問を学び、『尚書』や『春秋』の三伝を修め『史記』・『漢書』に精通していた。聡明かつ鋭敏な知性の持ち主で、豊かで美しい文章を綴り、蜀に仕えて観閣令史となりました。宦官の黄皓は権力を持てあそび、大臣は皆意思を曲げて彼にへつらいましたが、寿だけはひとり屈しませんでした。そのためしばしば譴責を被って官位を降格されたという経緯があったようです。

つまり、梁州大中正・尚書郎の范頵らが、「なにとぞ採録を」と上表し、皇帝の命が下って、寿が撰述した『古国志』五〇編、『益部耆旧伝』一〇編等とともに筆写させたものが後世に伝わっているのです。

三　「筆写収得」とは

「筆写」とは、「書き写すこと」を表す言葉で、「収得」とは、「自分のものとすること、取り入れること」を表す言葉です。このことから、筆写収得とは、「書き写して自分のものとすること」を表わしています。

また、「採録」とは、「とりあげて記録すること」を表わす言葉です。

「なにとぞ採録することをお命じくださいますように」との梁州大中正・尚書郎の范頵らの上表や、寿の自宅に出向いて作品をすべて収得するようにと皇帝が河南伊と洛陽令に命じ下した以前には、陳寿の『三国志』が正史として皇帝の手元に保存されていなかったことがわかります。

『華陽国志』後賢志陳寿伝には、「寿は三国の歴史を集め合わせて、魏・呉・蜀の三書、六五篇の書物を著し、『三国志』と名付けた。また『古国志』五〇編を著した」との記述があり、『晋書』陳寿伝には、「寿はまた別に『古国志』五〇編、『益部耆旧伝』一〇編を撰述し、その他の文章も後世に伝わっている」との記述があります。また、『華陽国志』巻一一に、「寿が撰述した作品は、〔合わせて〕二〇〇余篇にのぼる」とあります。

つまりこの時、役人たちが筆写収得した陳寿の撰述した作品の自筆原稿は、『古国志』五〇編、『益部耆旧伝』一〇編とともに『三国志』六五巻、合わせて二〇〇余篇から収得されたものだったと思われます。

また、『魏志倭人伝』は、陳寿の『三国志』全六五巻のうちの第三〇巻の東夷伝の中の「倭人条」の通称です。

倭人条の部分だけでも一九八五文字からなり『三国志』全体では、約六〇万文字があるといわれ、陳寿の生家で筆写収得された陳寿自筆原稿が二〇〇余篇であることからすれば、この時の役人たちによる筆写収得文字数は約四〇〇万文字にも及ぶ膨大な文字数の筆写作業であり、このことからしても、その筆写収得時の書体は、おそらくは草書であろうと思われます。

第四　誤字と正字のフィルター

『三国志』の本文は漢文の棒書きで書かれ、人名や国名等の固有名詞部分は、読みに漢字を当てはめた『借字』で表記されています。『魏志倭人伝』には誤りの字がありますが、それらは借字部分に多くあり、漢文部分にはあまりありません。

『魏志倭人伝』の現存する最古の写本が「楷書体」であることから、陳寿の『三国志』原本の書体を、大方は「楷書体」（一部には「篆書体」や「隷書体」との説もある）と思い込んできました。

ところが、『魏志倭人伝』と他の正史の記述を比較すれば、同一であるべき固有名詞、文言の双方の文字間にも錯誤が見受けられます。この錯誤の原因は、それぞれの誤字と正字の間に存在する草書殺字の同一や酷似が原因と思われます。

前著の『草書体で解く邪馬台国の謎―書道家が読む魏志倭人伝』では、『魏志倭人伝』に記載された「海」は「馬」、「大」は「支」、「二」は「三」、「三」は「王」、「治」は「治」、「邪」は「耶」、「月」は「年」、「升」は「斗」、「鬼」は「卑」、「姐」は「妲」、「投」は「殺」、「臣」は「須」の間違いと思われることを、そしてその原因が、互いの殺字が同一もしくは酷似していることを草書殺字の書写例を引きながら指摘しました。

本著では、『魏志倭人伝』と他の正史中の同一内容部分の文字を比較することで、文字の違いを例に、
一、「狗邪韓國」の「狗」は「拘」の誤り
二、「對海國」の「海」は「馬」の誤り
三、「一大國」の「大」は「支」の誤り
四、「邪馬壹國（写本では「邪馬壹國」と記されている）」の「邪」は「耶」の誤り
五、「邪馬壹國（写本では「邪馬壹國」と記されている）」の「壹」は「臺」の誤り
六、「會稽東治」の「治」は「冶」の誤り
であり、その原因が草書殺字の同一や酷似にあることを、再度論証します。

一　「狗」は「拘」の誤り

『魏志倭人伝』には、「従郡至倭循海岸水行歴韓国乍南乍東到其北岸狗邪韓國七千餘里」という七千餘里の水行記事があり、その後に帯方郡使節が到達した国名として、「狗」を用いて「狗邪韓国」と記しています。

この国名について、『太平御覧』所引の『魏志』（以下、『魏志』という）には「従帯方至倭循海岸水行歴韓国従乍南乍東到其北岸拘耶韓國七千餘里」とあり、「拘」を用いて「拘耶韓國」と記しています。

また、『後漢書』も「去其西北界拘邪韓国七千餘里」とあり、「拘」を用いて「拘邪韓国」と記しています。

つまり、『三国志』のもとにもなった『魏志』と、『三国志』をもとにした『後漢書』の、そのどちらにも「拘」が用いられていることから、『魏志倭人伝』の「狗邪韓國」の「狗」は、「拘」の誤りと思われます。

「狗」と「拘」の互いの草書殺字には酷似したものがあり、その誤読が誤記の原因と思われ、陳寿の生家に残されていた陳寿の『三国志』自筆草稿の「拘」の草書殺字が「狗」の草書殺字と酷似していたことが原因と思われます。

このように、筆写収得時の誤りが原因で『魏志倭人伝』の写本では「狗」の字が用いられたが、『後漢書』では范曄が誤りに気付いて「狗」を「拘」に戻して「拘邪韓國」と記したものと思われます。

「狗」と「拘」の草書くずし

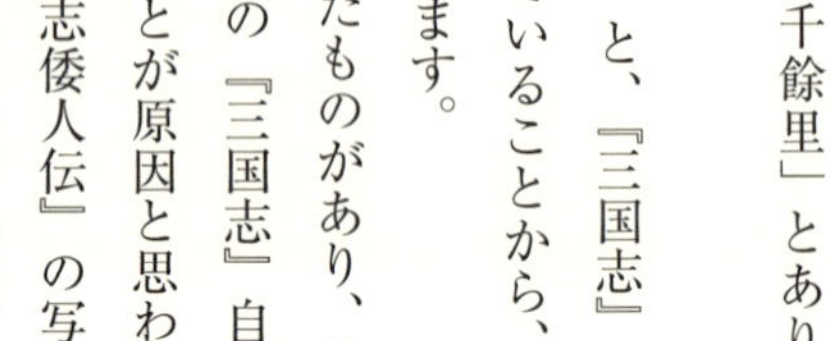

二 「海」は「馬」の誤り

『魏志倭人伝』には、「始度一海千餘里至對海國」という狗邪韓国からの千餘里の渡海記事があり、次に到達する国名として、「海」を用いて「對海國」と記しています。

この国名について、『魏志』には、「至對馬國戸千餘里」とあり、「馬」を用いて「對馬國」と記してい

ます。

また、『翰苑』巻三〇所引の『魏略』逸文（以下、『魏略』という）には「始度一海千餘里、至對馬國」とあり、「馬」を用いて「對馬國」と記しています。

さらに、『隋書』には「都斯麻國廻在大海中又東至一支國」とあり、文字列は「都斯麻」ですが、これは「国名」を「借字」表記したもので、その読みは「ツシマ」と思われます。

『魏志倭人伝』の「對海國」の「海」は、『魏志倭人伝』のもとになった『魏略』や『魏志』では「馬」が用いられていたこと、そして、『魏志倭人伝』の成立から三五〇年後の『隋書』にある「都斯麻」の読みの「ツシマ」に「マ」の音が残ることから、『魏志倭人伝』の「對海國」の「海」は「馬」の誤りで、その国名は「ツシマ」であると思われます。

「海」と「馬」の、互いの草書殺字（馬は行草体）には酷似したものがあり、その誤読が誤記の原因で、陳寿自筆草稿の「馬」の行草殺字が「海」の草書殺字と酷似していたことが原因と思われます。

これは、筆写収得時の誤りが原因で、『魏志倭人伝』の写本では「海」が用いられたが、『隋書』では魏徴が誤りに気付いて、あえて「都斯麻」と借字表記したもので、その読みは「ツシマ」と思われます。

つまり、『魏志倭人伝』の「對海國」の「海」は「馬」の誤りで、その国名は「ツシマ」であると思われます。

「海」と「馬（行草体）」の草書くずし

三 「大」は「支」の誤り

『魏志倭人伝』には、「又南渡一海千餘里名曰瀚海至一大國」という対馬国からの千餘里の渡海記事があり、次に到達した国名として、「大」を用いて「一大國」と記しています。

この国名について、『魏志』には「又南渡一海一千里名曰瀚海至一大國」とあり、「大」を用いて「一大國」と記しています。

しかし、『魏略』に「南度海至一支國」、『隋書』に「都斯麻國廻在大海中又東至一支國」、『梁書』に「始度一海海闊千餘里名瀚海至一支國」とあり、全て「支」を用いて「一支國」と記しています。

このことから、『魏志倭人伝』とそれから七〇〇年後の『魏志』では「大」の字が使用されていますが、『魏志倭人伝』撰述のもとになった『魏略』、『隋書』、『梁書』では「支」の字が使用されています。

よって、『魏志倭人伝』の「一大國」の「大」は「支」の筆写収得時の誤りで、『魏志倭人伝』の写本では「大」が用いられたが、『隋書』では唐の魏徴が、『梁書』では唐の姚思廉が、その誤りに気付いて、「大」を「支」に戻して「一支國」と記したものと思われます。

そして、『太平御覧』では、李昉らが編纂するときに、当然気づいたはずですが、ここは『三国志』の記述を意識して、あえて「大」をそのままに用いたのではないかと思われます。

「大」と「支」の草書くずし

四　「邪」は「耶」の誤り

『魏志倭人伝』には、「南至邪馬壹國女王之所都水行十日陸行一月」という女王の都の国への日程旅程記事があり、その都の国名として、「邪」を用いて「邪馬壹國」と記しています。

また、『魏志』には「又南水行十日陸行一月至耶馬臺國」とあり、「耶」を用いて「耶馬臺國」と記しています。

しかし、『後漢書』には「倭王居邪馬臺國」とあり、「邪」を用いて「邪馬臺國」と記しています。また、『隋書』には「邪靡堆則魏志所謂耶馬臺者也」とあり、「邪」を用いて「耶馬臺（國）」と記しています。

ところが、『梁書』には「又南水行十日陸行一月日至祁馬臺國即倭王所居」とあり、「祁」を用いて「祁馬臺國」と記しています。

つまり、『魏志倭人伝』、『後漢書』、『隋書』では「邪」が、『魏志』では「耶」が、『梁書』では「祁」が用いられています。

誤りの原因が陳寿の草稿の殺字の誤読による誤写であることからすれば、「邪」と「耶」と「祁」の互いの草書殺字が同一または酷似していて誤読が発生するのは、正字が「耶」のときだけです。

「邪」と「耶」の草書くずし

また、『魏志倭人伝』撰述のもとになった『魏志』でも「耶」の字が用いられていることから、陳寿の『魏志倭人伝』の直筆草稿では「耶」であったと思われます。

これらのことから、『魏志倭人伝』の「邪馬壹國」の「邪」は「耶」の誤りと思われます。

五　「壹」は「臺」の誤り

『魏志倭人伝』では、女王の都の国名を「壹」を用いて「邪馬壹国」と記しています。

江戸時代の松下見林氏は、その著書の『異稱日本傳第一冊』で「今按景初正始議明帝年號當我朝神功皇后之時邪馬壹之壹當作臺」と記して、「南至邪馬壹国（南、邪馬壹国に至る）」の壹（壱の字の旧字体）の字は臺（台の字の旧字体）の字の誤りであるとして「邪馬臺国」と改定して発表しました。これ以後、邪馬臺国名が慣例化（新字体で「邪馬台国」と記す人が多いが、「臺」と「台」は本来別字の為、「邪馬臺国」と記すべき）しました。

これに対し古田武彦氏は、その著書の『「邪馬台国」はなかった―解読された倭人伝の謎』の中で、金石文字の「壹」と「臺」の文字を比較して、「両者の古形はあまり似ていないという心証をうることができた」ので、「壹」は「臺」の間違いではなかったとして、邪馬台国はなかったと結論付けられました。

「壹」と「臺」の草書くずし

『魏志倭人伝』には、女王の都の国名として「邪馬壹国」の名がただ一ヶ所だけ登場しますが、ここでは「壹」が用いられています。ところでこの「壹」は「一」と同義同字です。

ところが、『魏志倭人伝』の他の漢文部分の、

「始度一海千餘里至對海國」
「又南一海千餘里名曰瀚海至一大國」
「又渡一海千餘里至末盧國」
「南至邪馬壹國女王之所都水行十日陸行一月」
「其行来渡海詣中國恒使一人不梳頭不去蟣蝨衣服垢汚不食肉不近夫人如喪人」
「自女王國以北特置一大率検察諸國」
「共立一女子為王名卑弥呼」
「唯有男子一人給飲食」
「又有裸國黒歯國復在其東南船行一年可至」

の九ヶ所では「一」が用いられて、この「壹」が用いられているのは、

「邪馬壹国」
「壹與」
「壹拜」

の「借字」としての三ヶ所だけです。

ところで、「壹」が借字使用であることからすれば、当然、なにかの「音」の借字のはずです。漢字の「壹」と「一」が同字（同意義）であることからすれば、当然「イ」の音の借字と考えられます。

また、『魏志倭人伝』では、「又渡一海千餘里名曰瀚海至一大國（「大」は「支」の誤りで「一支國」）」とありますが、「一大國」は「一支國」の誤りで、つまりは「壱岐」のことであるのは明確なので、「一支」の読みは「イキ」と推定され、よって、「一」は「イ」の借字であると思われます。

また、『魏志倭人伝』には「東南陸行五百里到伊都國」とあり、『魏志』には「東南陸行五百里到伊都國」と、『魏略』には「東南五東（百）里到伊都國」と、『梁書』には「又東南陸行五百里至伊都國」と記載されています。このことからすれば、この国の名は「伊都國」であり、その後の地図等の記載でも「イト国」であることからすれば、『魏志倭人伝』では「伊」も「イ」の借字であることが明らかです。

よって、『魏志倭人伝』の「イ」の借字は、「一」ならびに「伊」を使用していることになります。ならば、「一」が「イ」の借字とすれば、「一」の旧字体の「壹」を「イ」の借字として使用することは、かえってただ混迷を招くことにしかなり得ません。よって、「壹」を「イ」の借字としては用いなかったのではないかと思われます。

そうなると、『魏志倭人伝』の「邪馬壹國」の「壹」は、陳寿の自筆草稿では「臺」を用いていたものを、「壹」と「臺」の互いの草書殺字が酷似することから、陳寿没後に生家で筆写収得した河南伊と洛陽令の役人達が誤読して誤字を記したことによる間違いではないかと思われます。

また耶馬壹國の「壹」を、他の正史中の文字と比較すれば、『魏志倭人伝』から七〇〇年後の『魏志』

には「又南水行十日陸行一月至耶馬臺國」とあり「臺」が、『後漢書』では「倭王居邪馬臺國」とあり「臺」が、『梁書』では「又南水行十日陸行一月日至祁馬臺國即倭王所居」とあり「臺」が、『随書』では「邪靡堆則魏志所謂邪馬臺者也」とあり「臺」が用いられています。

さらに、倭国の女王の都の国名に「壹」が用いられるのは『三国志』だけで、陳寿の『三国志』撰述のもとになった『魏志』でも、また、『三国志』をもとにした『後漢書』でも、後の時代の『梁書』と『随書』でも「臺」が用いられていて、つまり、『三国志』以外ではすべて「臺」が用いられています。

このことからも、「壹」は「臺」の誤りではないかと思われます。

六　「治」は「冶」の誤り

『魏志倭人伝』には「當在會稽東治之東」という倭国の位置を示す記事があり、「治」の字を用いて「會稽東治」と記しています。

この地名について、『後漢書』に「其地大較在會稽東冶之東」、『晋書』に「計其道里當會稽東冶之東」とあり、「冶」を用いて「會稽東冶」と記しています。

つまり、「治」が用いられているのは『魏志倭人伝』だけで、それ以外の『後漢書』と『晋書』では「冶」が用いられています。よって、『魏志倭人伝』

「治」と「冶」の草書くずし

の「會稽東治」の部分の「治」は「治」の誤りであり、そして、「治」と「治」の草書は同一であることから、その誤りは「治」と「治」の草書殺字が同一であることが原因と思われます。

七　誤字と正字は草書殺字が同一

『魏志倭人伝』の誤字と他の正史から推定される正字を比較すれば、互いの草書殺字が同一もしくは酷似していることから、それらの誤りの原因が、『魏志倭人伝』の陳寿自筆の草稿の書体が草書であったことにあることがわかります。

そのことから『魏志倭人伝』を含めた『三国志』の原本は、このときに筆写収得のもとになった陳寿自筆の原稿であり、よって、『魏志倭人伝』を含めた陳寿の『三国志』は、草書で書かれていたと思われることが明らかになります。

第二章　魏志倭人伝の旅程

『魏志倭人伝』には、帯方郡から不彌国までの里程旅程が記されています。そして、それに続けて投馬国（殺馬国の誤りか）への日程旅程が記され、さらに続けて、耶馬臺国への日程旅程が記されています。

また、『魏志倭人伝』の本文は漢文棒書きで記され、その事から一部には異論（異説）はあったものの、順次式の解釈が、さも通説であるかのように理解されてきました。

事実、大方はそれらの観念にとらわれ、あるいはこだわることによって、それらの観念から抜け出すことが出来ずに、むしろ順次式の解釈が正しい、あるいは事実であると思い込んでいました。しかしこれらの順次式の解釈が本当に正論とは限りません。

まさかと思えるようなことの方こそがむしろ正論や真実であったという事もあるものです。

『魏志倭人伝』の耶馬臺国がどこかについては諸説あります。しかし陳寿が『魏志倭人伝』の中で記した耶馬臺国の場所は『魏志倭人伝』の記述を正しく解釈して紐解いたその場所でなければなりません。

確かに畿内の箸墓古墳を発掘調査すれば、それが女王の墓と判明するかもしれません。しかし、それはあくまでも畿内の大和国の女王の墓であって、陳寿が『魏志倭人伝』に記した耶馬臺国の女王卑弥呼の墓とはいえないと思います。陳寿が『魏志倭人伝』に記した耶馬臺国は、あくまでも『魏志倭人伝』を正確に読み解いた場所でなければなりません。

陳寿は、『魏志倭人伝』で、帯方郡から女王国の都の耶馬臺国までの里程が一二〇〇〇里であることを明示しています。また、帯方郡から不彌国までの各国間の里程と対海国（対馬国の誤り）と一大国（一支国の誤り）の島の大きさの「方」を示して、不彌国に到達した使節がすでに一一四〇〇里の里程（旅程）を経過していることを暗に示しています。よって帯方郡から不彌国までの旅程の一一四〇〇里は、帯方郡から耶馬臺国までの全旅程一二〇〇〇里の九五％にあたり、不彌国から耶馬臺国までの残里数の六〇〇里は、全旅程のわずか五％です。つまり、陳寿が『魏志倭人伝』に「南至耶馬壹国女王之所都水行十日陸行一月」と記した女王国の都の耶馬臺国は、不彌国から六〇〇里の場所にあることになります。

これらのことから、結論を先にいえば陳寿が『魏志倭人伝』に記した耶馬臺国の場所は北部九州であって、到底、畿内ではあり得ないことが明らかになります。

さて、耶馬臺国の比定地を考察するときに、検討すべき大切な要件があります。それは、『魏志倭人伝』に記されたもと文献との比較のフィルター、方位のフィルター、里程のフィルター、日程のフィルター、旅程のフィルター、「倭国の大きさは周旋五〇〇〇里」のフィルター、「倭国の東に倭種の国」のフィルター、「南に狗奴国あり」のフィルター、「会稽東冶の東」のフィルター、借字の読みのフィルターなどの、すべてのフィルターに合致することです。

たとえば帯方郡から不彌国までの旅程に合致していること、不彌国以降の残旅程に合致していること、女王卑弥呼が制した二一国を制圧できる距離にあること、帯方郡から一二〇〇〇里の場所にあること、周旋五〇〇〇里の倭国内に存在していること、南に狗奴国があること、東に倭種の国が存在すること、倭種の国（国名不詳の国や侏儒国、裸国、黒歯国）への里程や日程があっていることなどの、それらすべてに合致することが必要で、それらのフィルターを通してそこに映し出されたものが、女王の都として陳寿が『魏志倭人伝』に記した耶馬臺国の真実の姿なのです。それらの記述が、ほぼ正しい、ほぼ道理が通っている、ほぼ納得がいく、と「うなずける」ものであることが必要と思われます。

この章では、これらのフィルターを分析しています。『魏志倭人伝』の旅程には、里程旅程の部分と日程旅程の部分が、そして、「水行」・「渡海」・「陸行」の三つの旅程が混在しています。この解釈をめぐっては、江戸時代以来、諸説が唱えられていますが、その解釈によって、耶馬臺国の比定地についても諸説が発表されてきました。しかし、これまで、これらの「水行」・「渡海」・「陸行」の文言やその他の文言の使用方法についてはあまり議論されてきませんでしたが、陳寿は、これらの文言を意図的に使い分けて表現しているように思われます。

したがって、これらの文言の使い分けの根拠を検討することにより、真の解釈により近付け、また、謎の解明に近付けるのではないかと考えました。

第一　魏志倭人伝の里程記事

『魏志倭人伝』には、

自郡至女王國萬二千餘里
從郡至倭循海岸水行歴韓國乍南乍東到其北岸狗邪韓國七千餘里
始度一海千餘里至對海國其大官曰卑狗副曰卑奴母離所居絶島
方可四百餘里
又南渡一海千餘里名曰瀚海至一大國官亦曰卑狗副曰卑奴母離
方可三百里
又渡一海千餘里至末盧國
東南陸行五百里到伊都國
東南至奴國百里
東行至不彌國百里
參問倭地絶在海中洲島之上或絶或連周旋可五千餘里

女王國東渡海千餘里復有國皆倭種
又有侏儒國在其南人長三四尺去女王四千餘里

という一三項目の里程記事が記されています。

これらの里程記事については、「長里説」、「短里説」、あるいは「陰陽五行数字配分説」などの諸説があり、それぞれに解釈されてきました。

しかし、これらとは別に、『大唐六典』の記述にある「一日当たりの里数換算」や『隋書』の「夷人不知里數但計以日」の記述に基づけば、当時の倭国と中国との交渉では、日数を以て里数に換算する「日里換算法（この言葉が用語として存在するかどうかは不知）」が存在していたのではないかと思われます。

現在の日本の一里は約四〇〇〇ｍですが、『魏志倭人伝』の一里はそれよりも極端に短いようです。中国の漢の時代は、一里が約四三二ｍの「長里」であったといわれます。

しかし、古田武彦氏の『「邪馬台国」はなかった』には、「『三国志』中には、通常わたしたちの知っている「漢・唐の里数値」とは異った、異例の「短里」が採用されていることを知ったのである」とあり、周髀算経という中国の天文算法を基準にした約七七ｍを一里とする「短里」の換算法が存在し、一里は七五～九〇ｍであったとの短里説が唱えられています。

ところが、松本清張氏は『清張通史1　邪馬台国』のなかで、旅程（里程、日程）の解釈について、

「つまり、『万二千里』というのは、中国の直接支配をうけていない国の王都がはるか絶遠のかなたにあることをあらわす観念的な里数なのである」

（中略）

「してみれば、倭人伝の『郡（帯方）より女王国に至る万二千余里』というきまり文句の観念的数字を実数のようにうけとるのはおかしいわけである。さらにそれを全体の絶対里数として、各国間の里数や日数をいろいろ計算して一致させるのはもっと妙なわけである。その結果、学説の一部には、総計に千三百里の不足分を、日数の里数換算でそこを埋めたり、万二千余里の『余里』をそれに当てたりして、やりくり算段して合わせている。その苦労はたいへんなものだが、『万二千里』を虚数とするわたしの考えからすると、実りのない努力というほかはない」

（中略）

「したがって、わたしは、郡より女王国の『万二千余里』は『漢書』の西域伝の里数から、倭人伝の里数・日数は漢書の五服の記事から、陳寿がでっち上げた虚妄の数字だと言える」

と述べて、『魏志倭人伝』の里程と日数について、「帯方郡から女王国までの『万二千里』というのは、これまた『漢書』西域伝による中国の直轄でない遠絶の国までの距離を意味する観念的数字で、実数ではないのだが、倭人伝の里数と日数は、儒教的な見方から陰陽五行説による数字を配分したものである」と述べて否定しています。

また同氏は、『古代史疑』のなかでも、「以上の様に解釈してみると、『魏書』『倭人伝』の里数、日数は誠にナンセンスなものである」と述べています。

ところが、これでは、『魏志倭人伝』のみならず、『三国志』の旅程そのものや倭国の存在、あるいは陳寿の『魏志倭人伝』の旅程記事自体を否定していることにほかならず、耶馬臺国論自体が無意味ということにほかなりません。

また、『魏志倭人伝』には、帯方郡から耶馬臺国への旅程距離について、「自郡至女王國萬二千餘里」と記していますが、これは、『魏略』には「自帯方至女國萬二千餘里」とあり、『魏志』には「自帯方至女国萬二千餘里」とあり、『梁書』には「倭者自云太白之後俗皆文身去帯方萬二千餘里大抵在會稽之東」とあり、『後漢書』には「大倭王居邪馬臺國案今名邪摩惟音之訛也楽浪郡徼去其國萬二千里」とあり、『隋書』俀国伝には「邪靡堆則魏志所謂邪馬臺者也古云去楽浪郡境及帯方郡並一萬二千里」とあります。

このように、いずれの文献においても旅程の起点と耶馬臺国までの距離の表現が同一であり、帯方郡から耶馬臺国への旅程の起点は「帯方郡」であり、その距離は「萬二千里」つまりは「一二〇〇〇里」であることが明らかです。

それを「『魏書』『倭人伝』の里数、日数は誠にナンセンスなものである」と述べて切り捨てることは、単に『魏志倭人伝』つまりは『三国志』の里数、日数をナンセンスと切り捨てるのみならず、『魏略』や『魏志』、『梁書』、『後漢書』、『隋書』俀国伝などの中国正史の記述についても、その中に記されている里程や日程の旅程記事自体を切り捨ててしまう事になります。

つまりは、『魏志倭人伝』のみでなく、それらの中国正史の存在意義自体を全て否定していることにほかならないと思われます。

陳寿の『三国志』は、後の時代には中国正史の一つに数えられるものであり、その意味からいえば、陳寿が、到底、根拠のない記事やあいまいな表現を書くはずもなく、当然、確固とした根拠のある記事のはずです。ただこれまで、陳寿の記事に対する正式な解釈法や誤字の判読が正しくなされていなかっただけのことではないかと思われます。

『魏志倭人伝』は、日本国内にはまだそれらの文字資料がほとんど存在しない時代の倭国内のことを詳述した一級資料なので、大方の関心がこの資料中の里程解釈に集ることは否めません。

ところで、里程について、長里・短里の解釈のほかに、もう一つの解釈があります。そもそもここに記載されている「里程」は、実測の里数ではないのではないかという考え方、それがつまり、前述の「日里換算法」です。

陳寿の『三国志』は、中国が魏・呉・蜀の三国に分かれて互いに争っていた、いわゆる三国時代のことをまとめたもので、西晋の陳寿が、『魏略』や『魏志』等の資料をもとに撰述して、二八五年に成立しました。

これに対して、『隋書』は、唐の時代の魏徴が隋朝のことをまとめて著述して成立したものです。『三国志』の成立が二八五年で、対する『隋書』が六三六年の成立であることから、それらの成立の間には三五一年の開きがあります。

ところが、『隋書』には「夷人不知里數但計以日」とあり、「倭人（夷人）は里数を計ることができない。それで、日を以てそれを計る」と明記されています。

このことからすれば、『隋書』成立より三五〇年以上も前の、『三国志』の時代の倭国及び倭人には、里程を実測することはできず、よって、陳寿の『魏志倭人伝』に記される旅程の里数も、実測の里数ではなく、日数からの逆算による里数表現の蓋然性が高いと考えられると思います。

第二　各文献の里程記事

一　いずれの文献でも、旅程の起点は「帯方郡」

ところで、『魏志倭人伝』には「從郡至倭循海岸水行歴韓國乍南乍東到其北岸狗邪韓國七千餘里」とあり、耶馬臺国への里程旅程の起点が「郡（帯方郡）」であると記しています。

これについて、『魏略』には「從帶方至倭循海岸水行歴韓國到㹶耶（耶）韠（韓）國七十（千）餘里」、『魏志』には「從帶方至倭循海岸水行歴韓國從乍南乍東到其北岸拘耶韓國七千餘里」、『梁書』には「從帶方至倭循海水行歴韓國乍東乍南七千餘里」「倭者自云太白之後俗皆文身去帶方萬二千餘里大抵在會稽之東」とあり、いずれの文献でも「帯方郡」が旅程の起点であることを明示しています。

二　帯方郡から不彌国までの里程

『魏志倭人伝』には、旅程の起点であるところの帯方郡から女王の都であるところの耶馬臺国に至る旅程のうち、帯方郡から不彌国までの各国間の「水行」と「渡海」と「陸行」と「方」の里程について、

②　從郡至倭循海岸水行歴韓國乍南乍東到其北岸狗邪韓國七千餘里
③　始度一海千餘里至對海國其大官曰卑狗副曰卑奴母離所居絶島
④　方可四百餘里
⑤　又南渡一海千餘里名曰瀚海至一大國官亦曰卑狗副曰卑奴母離
⑥　方可三百里
⑦　又渡一海千餘里至末盧國
⑧　東南陸行五百里到伊都國
⑨　東南至奴國百里
⑩　東行至不彌國百里

と記しています。これについて、『魏志』には、

ⓑ　從帶方至倭循海岸水行歴韓國從乍南乍東到其北岸拘耶韓國七千餘里
ⓒ　至對馬國戸千餘里大官曰卑狗副曰卑奴母離所居絶島
ⓓ　方四百餘里
ⓔ　又南渡一海一千里名曰瀚海至一大國置官與對馬同
ⓕ　地方三百里

ⓖ 又渡海千餘里至末（末）盧國
ⓗ 東南陸行五百里到伊都國
ⓘ 又東南至奴國百里
ⓙ 又東行百里至不彌國

と記しています。

また『魏略』には、

㋑ 從帶方至倭循海岸水行歷韓國到㸿耵（耶）韓（韓）國七十（千）餘里
㋒ 始度一海千餘里至對馬國其大官曰卑拘副曰卑奴
㋓ （この間の記事なし）
㋔ 南度海至一支國置官至對同
㋕ 地方三百里
㋖ 又度海千餘里至末盧
㋗ 東南五東（百）里到伊都國
㋘ （この間の里程記載無し）
㋙ （この間の里程記載無し）

と記して（その後の奴国に至る里程旅程と不彌国に至る里程旅程についての記載はない）います。

そして『梁書』には、

Ⓑ 従帯方至倭循海水行歴韓國乍東乍南七千餘里
Ⓒ （この間の里程記載なし）
Ⓓ （この間の記事なし）
Ⓔ 始度一海海闊千餘里名瀚海至一支國
Ⓕ （この間の記事なし）
Ⓖ 又度一海千餘里名未（末）盧國
Ⓗ 又東南陸行五百里至伊都國
Ⓘ 又東南行百里至奴國
Ⓙ 又東行百里至不彌國

と、帯方郡から不彌国までの里程旅程を記して（但し、帯方郡から水行七〇〇〇里の到達点の地名の記載と対馬国に関する記載がない）います。

第三　他文献との比較のフィルター

一　『魏志』と『魏略』をもとにした

『魏志倭人伝』には、帯方郡から不彌国までの里程旅程が記されています。『魏志倭人伝』は、それまでにあった魚豢の『魏略』や夏侯湛の『魏志』、あるいは韋昭の『呉書』等をもとに撰述されたと言われます。また、桃思廉の『梁書』は六二九年に成立したと言われますが、『魏志』や『魏略』とともに陳寿の『三国志』をも参考にしていますが、特に『魏志倭人伝』の帯方郡から伊都国までの旅程部分は、おもに『魏略』をもとにしたといわれます。しかし実際は、『魏志』と『魏略』の互いの文章をうまく取り混ぜて完結させており、『魏志倭人伝』、『魏志』、『魏略』の互いの記載内容と方式を比較検討すれば、『魏志倭人伝』のその部分の文言が、『魏志』と『魏略』のどの部分をもとにして、どの接続詞で文脈をつないで撰述し、完成されたかがわかります。

二　帯方郡から耶馬臺国への全里程

出発点の帯方郡から耶馬臺国までの全里程距離について、『魏志倭人伝』には「自郡至女王國萬二千餘里」と記されています。これについて、『魏略』には「自帯方至女國萬二千餘里」と、『魏志』には「自帯方至女國萬二千餘里」と、『後漢書』には「其大倭王居邪馬臺国楽浪郡徼去其國萬二千里」とあり、いずれの記録でも、帯方郡から耶馬臺国までの里程距離は萬二千餘里です。このことから、当時の中国の認識では、帯方郡（楽浪郡）から倭国の女王卑弥呼が都とした耶馬臺国までの里程旅程は、「万二千里」と認識されていたものと思われます。

また、『魏志倭人伝』から約三四〇年後の『梁書』においても、同様の内容の表現があり、三四〇年後も、「万二千里」という同様の認識で一致していたことが伺えます。

三　帯方郡から狗邪韓国への里程

帯方郡から狗邪韓国に至る旅程について、『魏志倭人伝』には「從郡至倭循海岸水行歴韓國乍南乍東到其北岸狗邪韓國七千餘里」と記されています。これについて『魏志』には「從帯方至倭循海岸水行歴韓國從乍南乍東到其北岸拘耶韓國七千餘里」と記され、『魏略』には「從帯方至倭循海岸水行歴韓國到物恥（耶）轉（韓）国七十（千）餘里」と、また、『梁書』には「從帯方至倭循海水行歴韓國乍東乍南七千餘里」・「倭者自云太白之後俗皆文身去帯方萬二千餘里大抵在會稽之東」と記されています。

『魏志倭人伝』の冒頭部分の「従郡」は、『魏志』と『魏略』ではともに「従帯方」で同一です。この旅程の起点が「帯方郡」であることは前提でもあることから、『魏志倭人伝』では「帯方」の二字で記さずに「郡」の一字でそのことを表現したと思われます。

また、続く「至倭循海岸水行歴韓國」は、『魏志』の「至倭循海岸水行歴韓國」と同一なので、『魏志』の記述をそのまま用いたと思われます。

さらに、それに続く「乍南乍東到其北岸狗邪韓國七千餘里」は、『魏志』の「従乍南乍東到其北岸拘耶韓國七千餘里」をもとに用いながら、「従」の一字を省いて完成させたようです。

このように『魏志倭人伝』、『魏志』、『魏略』の記述は、いずれの文献もほぼ同様の表現であることから、当時の中国では、帯方郡から狗邪韓国に至る旅程は、「七千里の水行旅程」と認識されていた、また、『魏志倭人伝』から約三四〇年後の『梁書』においても、「七千里の水行旅程」としていて、三四〇年後においてもほぼ同様の認識で一致していたことが伺えます。

四　対馬国への里程

狗邪韓国から対馬国に至る旅程について、『魏志倭人伝』には「始度一海千餘里至対海國其大官曰卑狗副曰卑奴母離所居絶𡿧方可四百餘里」と記されています。これについて、『魏志』には「至對馬國戸千餘里大官曰卑狗副曰卑奴母離所居絶島方四百餘里」と記され、『魏略』には「始度一海千餘里至對馬國其大官曰卑拘副曰卑奴」と記されています。

冒頭部分の「始度一海千餘里至對海國」は、『魏志倭人伝』では「對海國」と「海」が用いられ、『魏

「其北岸」の解釈について

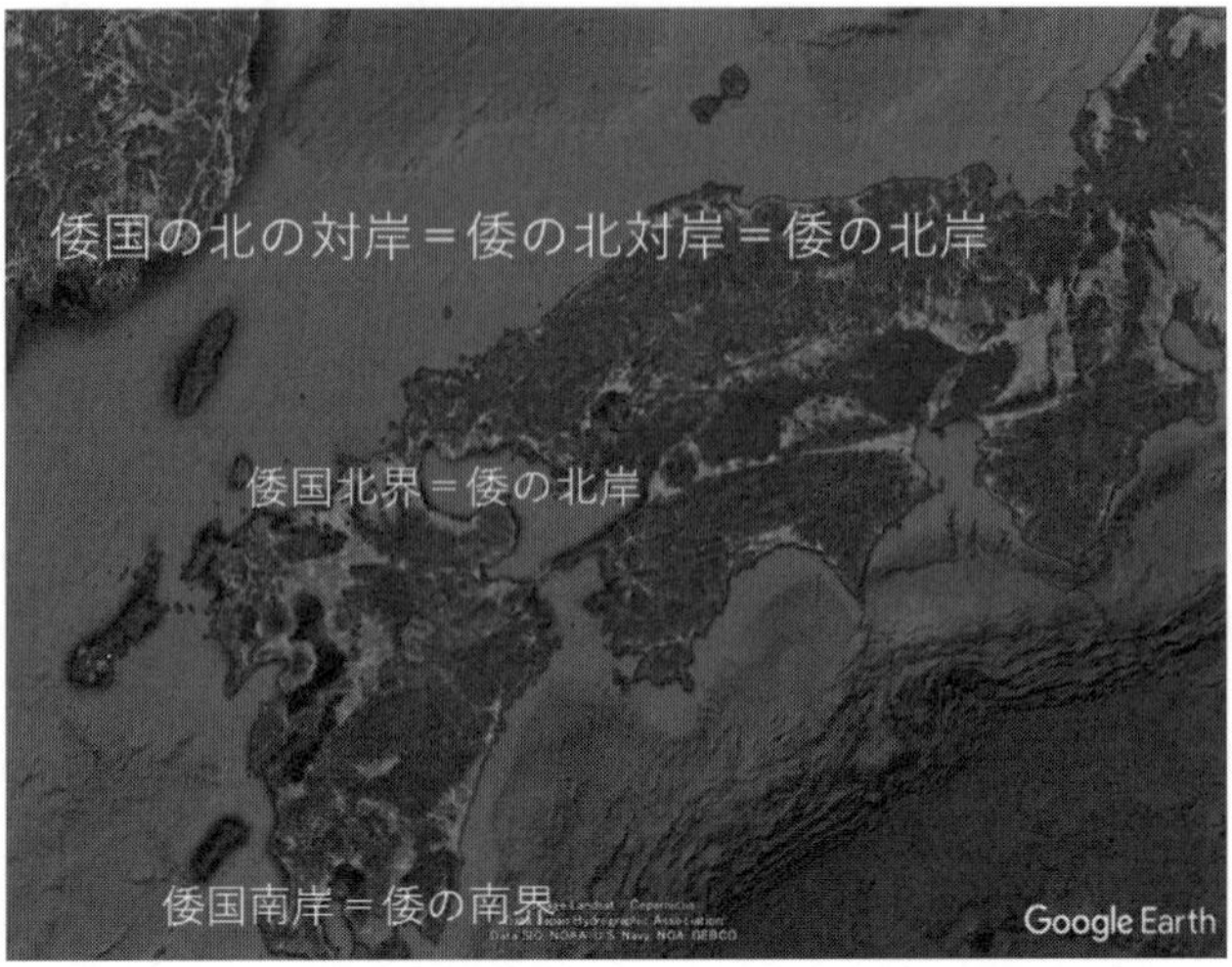

略』では「對馬國」と「馬」が用いられていますが、これは、陳寿の『三国志』自筆草稿では「馬」であったものを、筆写収得したときに、誤読して「海」と誤記したものであると思われることから、『魏志倭人伝』の記述と『魏略』の記述は、元来は同一なので、『魏略』の「始度一海千餘里至對馬國」という記述をそのままに用いて撰述したことがわかります。

それに続く「大官曰卑狗副曰卑奴母離所居絶島」の部分は、『魏志』の「大官曰卑狗副曰卑奴母離所居絶島方四百餘里」と同一なので、この部分は『魏志』の記述をそのまま用いて撰述したと思われます。そして、これらの長官と副官が対馬国の長官と同一であることを特定するために、「其」の字を加えて撰述を完成させたと思われます。

このように、『魏志倭人伝』と『魏志』と『魏略』の記述は、いずれの文献もほぼ同様の表現であることから、当時の中国の認識では、狗邪韓国から対馬国に至る旅程は「千里の渡海旅程」であると、そして、対馬国の島の大きさは「方四百里」であると認識されていたことがわかります。

五　一支国への里程

対馬国から一支国に至る旅程について、『魏志倭人伝』には「又南渡一海千餘里名曰瀚海至一大國官亦曰卑狗副曰卑奴母離方可三百里」と記されています。これについて、『魏志』には「又南渡一海一千里名曰瀚海至一大國置官與對馬同地方三百里」と、『魏略』には「南度海至一支國置官至對同地方三百里」と記されています。

『魏志倭人伝』の冒頭部分の「又南渡一海」と「名曰瀚海至一大國」は、『魏志』の「又南渡一海」と「名曰瀚海至一大国」と同一なので、『魏志』をもとに撰述したと思われます。ところが、対馬国から一支国間の渡海距離については、「対馬国」の表現と一致させるために『魏志』の「一千里」の表現を、「千餘里」に改めて撰述を完成させたことがわかります。

また、「官亦曰卑狗副卑奴母離」は、『魏志』には「置官與對馬同」、『魏略』には「置官至對同」とあり、いずれも官職名が対馬国と同一なので、「対馬国」の表現と一致させるために、『魏志』と『魏略』の双方をもとにして、「官亦曰卑狗副卑奴母離」に改めて撰述を完成させたことがわかります。

このように、『魏志倭人伝』と『魏志』と『魏略』の記述は、いずれの文献もほぼ同様の表現であることから、当時の中国の認識では対馬国から一支国に至る旅程は「千里の渡海旅程」であると、そして、一支国の島の大きさは「方三百里」であると認識されていたことがわかります。

六　末盧国への里程

一支国から末盧国に至る旅程について、『魏志倭人伝』には「又渡一海千餘里至末盧國」と記されています。これについて、『魏志』には「又渡海千餘里至末（末）盧國」と、『魏略』には「又度海千餘里至末盧」と、『梁書』には「又度一海千餘里名末（末）盧国」と記されています。『魏志倭人伝』の冒頭部分の「又渡」は、『魏志』の「又渡」と同一です。『魏略』と『梁書』にも「又度」とあり、これらは「又渡」の誤植ではないかと思われることから、いずれも、ともに同一表現と考えることができます。また、『魏志倭人伝』の「千餘里至末盧國」は、『魏志』の「千餘里至末（末は末の誤植）盧國」と同一表現です。

これらを纏めて撰述したものですが、対馬国に至る旅程の部分との表現を一致させるために、「海」を「一海」に改めて表現を完成させたと思われます。

このように、『魏志倭人伝』と『魏志』と『魏略』の記述は、いずれの文献もほぼ同様の表現で、当時の中国の認識では、一支国から末盧国に至る旅程は、「千里の渡海旅程」であると認識されていたことがわかります。

七　伊都国への里程

末盧国から伊都国に至る旅程について、『魏志倭人伝』には「東南陸行五百里到伊都國」と記されています。これについて、『魏志』には「東南陸行五百里到伊都國」と、『魏略』には「東南五東（百）里到伊都國」と、『梁書』には「又東南陸行五百里至伊都國」と記されています。よって、『魏志倭人伝』の表現は『魏志』と同一であり、『魏志』の表現を用いて撰述されたことがわかります。また、いずれの文献も、ほぼ同様の表現であることから、当時の中国の認識では、末盧国から伊都国に至る旅程は、「五百里の陸行旅程」と認識されていたと思われます。

また、『魏志倭人伝』から約三四〇年後の『梁書』においても同様で、三四〇年後においても、「五百里の陸行旅程」との認識で一致していたことが伺えます。

八　奴国への里程

伊都国から奴国に至る旅程について、『魏志倭人伝』には「東南至奴國百里」と記されています。これについて、『魏志』には「又東南至奴國百里」と、『梁書』には「又東南行百里至奴國」と記されています。しかし『魏略』には、この旅程記事がありません。

帯方郡から不彌国までの各里程（「方」を加算したもの）

帯方郡から狗邪韓国の水行距離

「七千餘里」　＝　７０００里

狗邪韓国から対馬国の渡海距離及び対馬国の大きさ

「千餘里＋方可四百餘里」　＝　１４００里

対馬国から一支国の渡海距離及び一支国の大きさ

「千餘里＋方可三百里」　＝　１３００里

一支国から末盧国の渡海距離

「千餘里」　＝　１０００里

末盧国から伊都国の陸行距離

「五百里」　＝　５００里

伊都国から奴国の陸行距離

「百里」　＝　１００里

奴国から不彌国の陸行距離

「百里」　＝　１００里

したがって、『魏志倭人伝』の表現は、『魏志』の表現を用いて、それをもとに撰述され、「又」の一字を省いて完成させたものです。

同様に約三四〇年後の『梁書』を含めて、いずれの文献もほぼ同様の表現で、当時の中国の認識では、伊都国から奴国に至る旅程は、「百里の陸行旅程」と認識されていたと思われます。

九　不彌国への里程

奴国から不彌国に至る旅程について、『魏志倭人伝』には「東行至不彌國百里」と記されています。これについて、『魏志』には「又東行百里至不彌國」と、『梁書』には「又東行百里至不彌國」と記されています。しかし『魏略』には、この旅程記事がありません。

よって、『魏志倭人伝』の「東行至不彌國百里」は、『魏志』の「又東行百里至不彌國」をもとに「又」の一字を省き、

帯方郡から不彌国までの里程距離の合計

７０００里　　　　（帯方郡から狗邪韓国の水行距離）
＋　１０００里　（狗邪韓国から対馬国の渡海距離）
＋　４００里　　（対馬国の「方」）
＋　１０００里　（対馬国から一支国の渡海距離）
＋　３００里　　（一支国の「方」）
＋　１０００里　（一支国から末盧国の渡海距離）
＋　５００里　　（末盧国から伊都国の陸行距離）
＋　１００里　　（伊都国から奴国の陸行距離）
＋　１００里　　（奴国から不彌国の陸行距離）

＝　合計１１４００里

また、奴国に至る旅程の「東南至奴國百里」という表現とそろえるために、「至不彌国」を先に記して、「百里」を後に記して完成させたものと思われます。

一〇　帯方郡から不彌国までの「真の里程距離」

『魏志倭人伝』と『魏略』、『魏志』、『梁書』の、帯方郡から不彌国までの里程旅程記事の表現は、いずれの文献でもほぼ同様であることから、帯方郡から不彌国までの水行と渡海と陸行の里程の合計を、七〇〇〇里＋一〇〇〇里＋一〇〇〇里＋一〇〇〇里＋五〇〇里＋一〇〇里＋一〇〇里の合計の「一〇七〇〇里」として、帯方郡から耶馬臺国までの全里程距離の一二〇〇〇里から、帯方郡から不彌国までの里程旅程の合計の一〇七〇〇里を差し引いた、「一三〇〇里」が不彌国から耶馬臺国までの残里程とする解釈が大方です。

しかし、この解釈では、狗邪韓国から末盧国までの間の「真の距離」を表現しているとはいえません。

帯方郡から不彌国までの間の「真の里程距離」を求めるには、帯方郡から末盧国までの間の「水行」と「渡海」の里程と、末盧国から不彌国までの間の「陸行」の里程を加算しただけでは、「真の里程距離」にならないのです。つまり、帯方郡から不彌国までの真の里程距離を求めるには、これに、対馬国の島の大きさの「方可四百餘里」と、一支国の島の大きさの「方可三百里」を加算する必要があります。つまり、帯方郡から不彌国までの「真の里程距離」は、七〇〇〇里＋一〇〇〇里＋四〇〇里＋一〇〇〇里＋三〇〇里＋一〇〇〇里＋五〇〇里＋一〇〇里＋一〇〇里であって、つまりは、合計一一四〇〇里であることがわかります。

二　倭人は里数を知らず

『魏志倭人伝』には、帯方郡を出発した魏の使節団が耶馬臺国に到達するまでの、里程記事が掲載されています（巻末資料参照）。これらの各里程記事について『魏略』には、㋐～㋙の記載があり、これに基づく帯方郡から伊都国までの里程の合計は九八〇〇里で、帯方郡から女国である耶馬臺国までの里程は萬二千里です。また、『魏志』には、ⓐ～ⓙの記載があり、これに基づく帯方郡から不彌国までの里程の合計は一一四〇〇里で、帯方郡から女国である耶馬臺国までの里程は「萬二千里」です。

同様に、『梁書』倭伝にはⒶ～Ⓙの記載があり、これに基づく帯方郡から不彌国までの里程の合計は九六〇〇里で、帯方郡から倭国の耶馬臺国までの里程は「萬二千里」です。

このように、『魏志倭人伝』、『魏略』、『魏志』、『梁書』には、帯方郡から狗邪（㺃耶）韓国、狗邪（㺃耶）韓国から対馬国、対馬国から一支国、一支国から末盧国、末盧国から伊都国、伊都国から奴国、奴国から不彌国までの各国間の里程距離と、帯方郡から倭国あるいは女国（女王国）の耶馬臺国までの里程距離が記されています。

ところで、『魏志倭人伝』の解釈において、耶馬臺国の場所がどこであるかは大方の最大関心事です。しかし、ここに記載された里程の「一里」が、はたして現在の距離の何mであるかは不明で、そのことが、耶馬臺国の場所を謎とする所以です。『魏志倭人伝』の里程解釈には、長里・短里を含めて様々な説があります。しかし、この「里」を固定値とすべきかどうかというのも問題と思います。

『隋書』には、「夷人不知里數但計以日」とあり、「中国の隋代（五八一～六一九年）においても、当時の倭人は度量衡の基準を持たず、その里数は固定里ではなく、日数を以て里数換算とした」ことが記されています。隋代の倭人がそうであるならば、隋朝より三〇〇年以上前の三国時代（一八四～二八〇年）の倭人も、固定里を持たなかったと容易に推測できます。

したがって、『魏志倭人伝』の里程解釈は、当時の倭人の里数換算は、一日の移動距離を以て里数換算に割り当てた、つまりは、「日里換算」として解釈すべきと思われます。

二 「水行」と「渡海」の違い

(一) 陳寿は「水行」と「渡海」を使い分けている

『魏志倭人伝』の里程旅程記事のうち、帯方郡から狗邪韓国までの旅程部分には「水行」の、そして、狗邪韓国から末盧国までの旅程部分には「渡海」の表現が用いられています。ところで、「水行」と「渡海」は、ともに「船で移動することの表現」です。陳寿は、何を意図して、この二つの表現を使い分けたのでしょうか。なぜ、狗邪韓国から末盧国までの航海を「水行」としなかったのでしょうか。このことについて、『魏志倭人伝』とその撰述のもとになった『魏略』、『魏志』、『梁書』の各表現をもとに比較検討します。

「水行」と「渡海」の表現の違いは、『魏志倭人伝』だけの問題ではなく、『魏志倭人伝』撰述のもとになったとされる『魏略』と『魏志』のいずれにおいても同一です。このことから、当時の中国の認識でも、帯方郡から狗邪韓国までの旅程は「水行」で表現し、狗邪韓国から対馬国までの間、対馬国から一支国までの間、一支国から末盧国までの間の三つの旅程は、ともに「渡海」で表現するものであったと思われます。

また『梁書』においても、帯方郡から狗邪韓国までの旅程は「水行」、狗邪韓国から対馬国まで、対馬国から一支国まで、一支国から末盧国までの三つの旅程は、ともに「渡海」と表現されていて、このことから、『魏志倭人伝』から約三四〇年後の『梁書』の時代においても、この表現方法が認知されていたことが伺えます。

よって、帯方郡から狗邪韓国までの間の里程旅程の表現と、狗邪韓国から末盧国までの間の三つの里程旅程の表現は、その表現様式が異なることがわかります。

（二）帯方郡から狗邪韓国に至る旅程での表現

帯方郡を出発した魏の使節団の狗邪（拘耶）韓国までの旅程について、『魏志倭人伝』には、「従郡至倭循海岸水行歴韓國乍南乍東到其北岸狗邪韓國七千餘里」とあり、その間の移動手段を「水行」と、そして距離を「七千餘里」と表現しています。

これについて、『魏略』には「従帶方至倭循海岸水行歴韓國到𤘘耵（耶）𩏪（韓）国七十（千）餘里」とあり、その間の移動手段を「水行」と、そして距離を「七千餘里」と表現しています。

『魏志』には「従帶方至倭循海岸水行歴韓國従乍南乍東到其北岸拘耶韓國七千餘里」とあり、その間の移動手段を「水行」と、そして距離を「七千餘里」と表現しています。

『梁書』には「従帶方至倭循海水行歴韓国乍東乍南七千餘里」とあり、その間の移動手段を「水行」と、そして距離を「七千餘里」と表現しています。

よって、帯方郡から狗邪（拘耶）韓国への里程旅程記事は、いずれの文献でも、その間の移動手段を「水行」と、そして距離を「七千餘里」と、同様に表現しています。

そうなると、この帯方郡から狗邪（拘耶）韓国に至る七千餘里という里程旅程は、陳寿が創作した里

帯方郡から狗邪韓国までの水行旅程

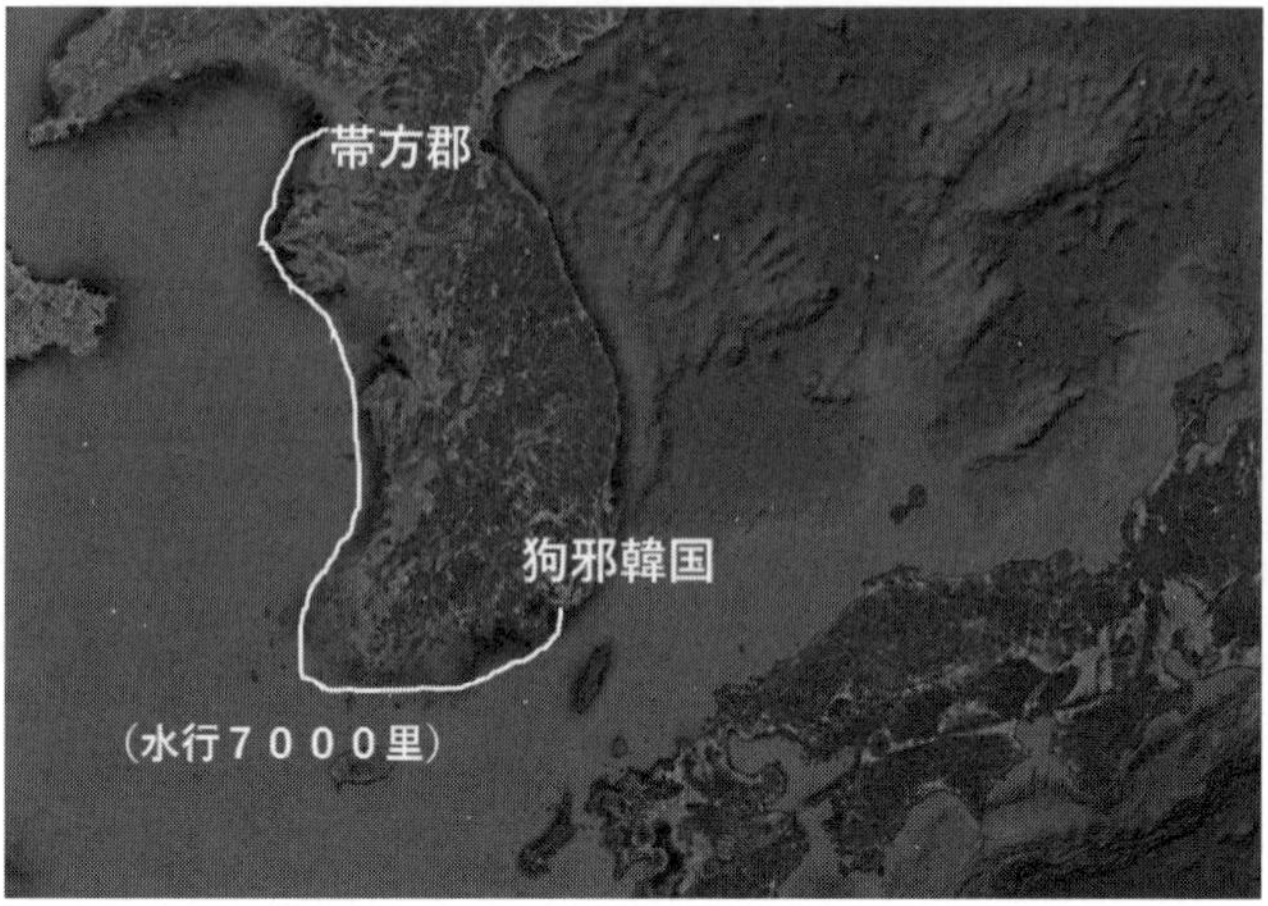

数ではなく、それ以前の中国における共通認識の里程で、それ以後の中国史書の記載でも、この間の里数が七千餘里と同様に記載されていることからみれば、そののちの中国でも共通認識だったことが伺われます。

(三) 狗邪韓国から対馬国に至る旅程での表現

狗邪韓国から対馬国までの旅程について、『魏志倭人伝』には「始度一海千餘里至對海國其大官曰卑狗副曰卑奴母離所居絶島方可四百餘里」とあり、その間の移動手段を「始度（渡の誤りか）一海」と記して「渡海」と、そして距離を「千餘里」と表現しています。

これについて、『魏略』には「始度一海千餘里至對馬國其大官曰卑拘副曰卑奴」とあり、その間の移動手段を「始度（渡）一海」と記して「渡海」と、そして距離を「千餘里」と表現しています。

『魏志』には「至對馬國戸千餘里大官曰卑狗副曰卑奴母離所居絶島方四百餘里」とありますが、この間の移動の方法と里程についての記載はありません。

『梁書』には、この間の里程旅程自体の記載がありません。

このことからわかることは、この狗邪韓国から対馬国に至る千餘里という里程旅程は、陳寿が創作した里数ではなく、それ以前の中国における共通認識の里程であった、それ以後の中国史書の記載でもこの間の里数が同様であり、のちの中国においても共通認識であったことが伺われます。

(四) 対馬国から一支国に至る旅程での表現

対馬国から一支国までの旅程について、『魏志倭人伝』には「又南渡一海千餘里名曰瀚海至一大國官亦曰卑狗副曰卑奴母離方可三百里」とあり、その間の移動手段を「又南渡一海」と記して「渡海」と、そして距離を「千餘里」と表現しています。

これについて、『魏略』には「南度海至一支國置官至對同地方三百里」とあり、その間の移動手段を「南度（渡）海」と記して「渡海」とありますが、距離の表現はありません。

『魏志』には「又南渡一海一千里名曰瀚海至一大國置官與對馬同地方三百里」とあり、その間の移動手段を「又南渡一海」と記して「渡海」と、そして距離を「一千里」と表現しています。

『梁書』には「始度一海海闊千餘里名瀚海至一支國」とあり、その間の移動手段を「始度（渡）一海」と記して「渡海」と、そして距離を「千餘里」と表現しています。

このように、対馬国から一大（支）国への里程旅程記事では、いずれの文献でも、その間の移動手段を「渡海」と、そして距離を「千餘里」と表現しています。

つまり、この対馬国から一支国に至る千餘里という里程旅程は、陳寿が創作した里数ではなく、それ以前の中国における共通認識の里程であり、のちの中国においても共通認識であったと思われます。

(五) 一支国から末盧国に至る旅程での表現

一支国から末盧国までの旅程では、『魏志倭人伝』には「又渡一海千餘里至末盧國」とあり、その間の移動手段を「又渡一海」と記して「渡海」と、そして距離を「千餘里」と表現しています。

これについて、『魏略』では「又度海千餘里至末盧」とあり、その間の移動手段を「又度海」と記して「渡海」と、そして距離を「千餘里」、『魏志』には「又渡海千餘里至末（末）盧國」とあり、その間の移動手段を「又渡海」と記して「渡海」と、そして距離を「千餘里」と表現しています。

『梁書』には、「又度一海千餘里名末（末）盧國」とあり、その間の移動手段を「又度（渡）一海」と記して「渡海」とありますが、距離の表現はありません。

つまり、一大（支）国から末盧国への里程旅程記事では、いずれの文献でも、その間の移動手段を「渡海」と、そして距離を「千餘里」と表現、結局、この一支国から末盧国に至る千餘里という里程旅程は、陳寿が創作した里数ではなく、それ以前の中国における共通認識の里程ですし、以後の中国史書の記載でも同様、記載されていて、のちも中国の共通認識であったことがわかります。

狗邪韓国から末盧国までの各渡海旅程と「方」

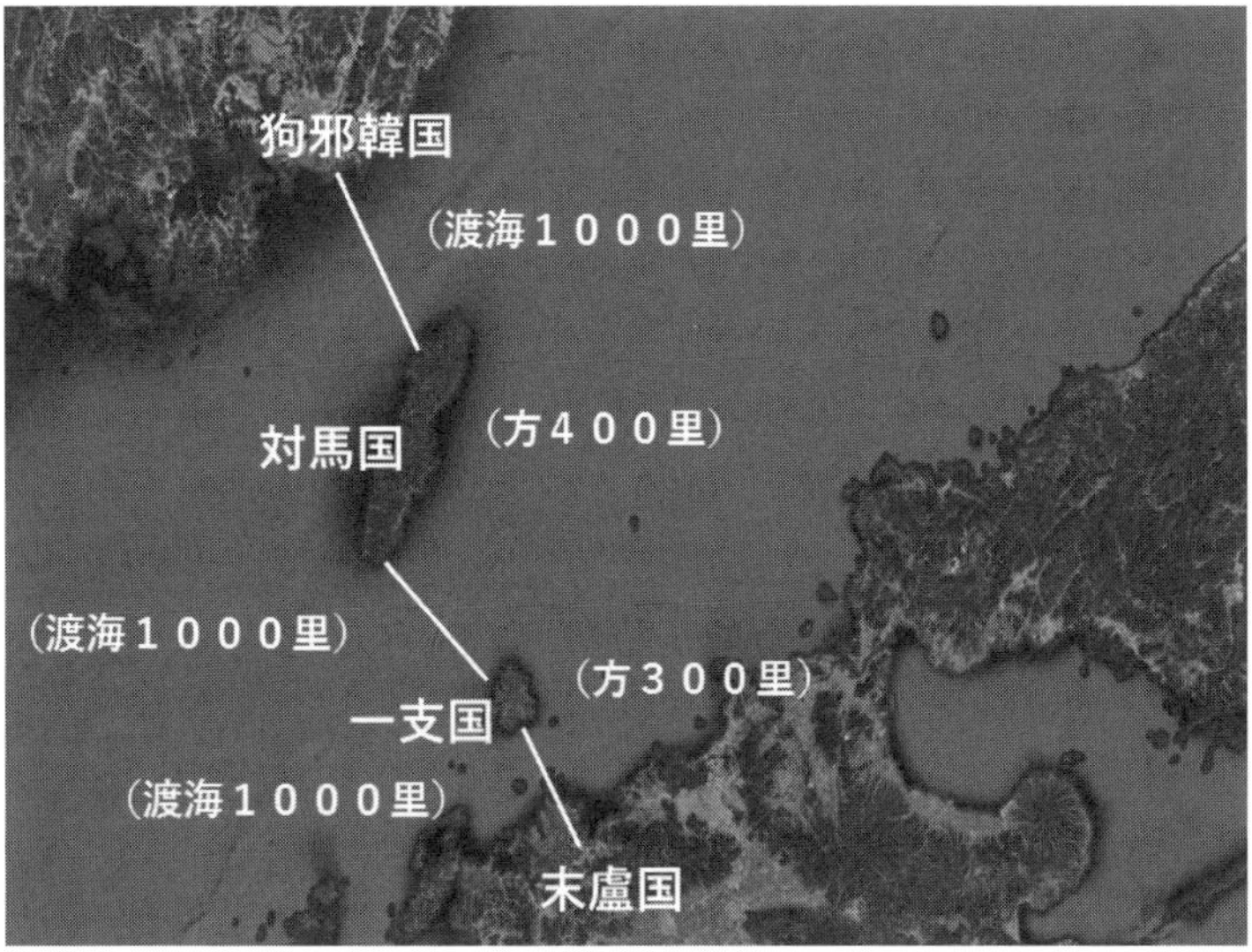

ところで、『魏志倭人伝』と『魏略』、『魏志』、『梁書』の各表現を比較検討すれば、いずれの文献でも、帯方郡から狗邪韓国までの旅程には「水行」の、そして、狗邪韓国から対馬国、対馬国から一支国、一支国から末盧国への各国間の旅程には「渡海」の表現が使用されていて、明らかに「水行」と「渡海」の二つの表現方法を区分して、使い分けて使用していることがわかります。

ここで、「水行」と「渡海」の相違を考察すれば、「水行」は、旅程の途中に沿岸での停泊や寄港による休息があったにせよ、前行程の終点が次行程の起点であって、つまり終点と起点が同一であり、行程としては連続した航海の距離の表現、つまりは「移動距離の表現」であると思われます。対して、「渡海」は、半島から島国、島国から島国、島国から半島までの海を渡る場合の表現、つまりは「海の広さの表現」であると思われます。
しかし逆にいえば、「渡海」は「海の広さの表現」でしかないことになります。よって、狗邪韓国から末盧国までの「真の距離」を求めるためには、その間の三つの「渡海」を加算しただけでは不十分であると思われます。

(六) 「真の里程距離」を表現するために「方」を付記した

『魏志倭人伝』の対馬国と一支国の状況を記した部分には、「方」という表現が採用されています。この「方」については、『魏志倭人伝』だけではなく、『魏志倭人伝』の撰述のもとになったとされる『魏略』と『魏志』のいずれにおいても同一表現です。このことから、当時の中国の認識でも狗邪韓国から末盧国までの旅程里程を表現する場合には、「方」という表現を使用して、その距離を加算するものであったと思われます。

『魏志倭人伝』の帯方郡から狗邪韓国までの「従郡至倭循海岸水行歴韓國乍南乍東到其北岸狗邪韓國七千餘里」という「水行」の記事は、「循海岸水行歴韓國乍南乍東」とあり、この行程が韓国の海岸にそっての水行移動であることと、沿岸での停泊や寄港はあっても連続した行程であることから、これは、出発地の帯方郡から到着地の狗邪韓国までの間の、航海の距離を表現していると思われます。

これに対して、狗邪韓国から対馬国までの「始度一海千餘里至對海國其大官曰卑狗副曰卑奴母離所居絶島方可四百餘里」と、対馬国から一支国までの「又南渡一海千餘里名曰瀚海至一大國官亦曰卑狗副卑奴母離方可三百里」と、一支国から末盧国までの「又渡一海千餘里至末盧國」の三つの記事は、「渡海」の表現です。

ところで、「渡海」は、「水行」と同様に航海の距離の表現です。しかし、「渡海」の言葉の意から、例えば南北に並んだ状況の前半島南端から次島北端まで、あるいは前島南端から次島北端まで、あるいは前島南端から次半島北端までの、それぞれの海を渡る航海距離の表現＝海峡の広さを表現しているものと思われます。

ならばこれらの三つの「渡海」距離を合わせた、一〇〇〇里＋一〇〇〇里＋一〇〇〇里の「合計三〇〇〇里」は、三つの渡海距離の合計でしかなく、つまりは、半島南岸の狗邪韓国から九州北岸の末盧国までの実際の距離とは異なります。つまり、狗邪韓国から末盧国までの正確な距離を表現して、この間の里程旅程記事を完結させるためには、これらの三つの渡海距離の合計に、対馬国と一支国の島の大きさの表現が追加されなければ、狗邪韓国から末盧国までの実際の距離の表現にはなりません。

そこで陳寿は、その間に存在する「対馬国（つまりは対馬島のこと）」と「一支国（つまりは壱岐島のこと）」のそれぞれの島に、「方可四百餘里」と「方可三百里」という「陸地の広さ」の「方」を付記して、これを加算して補うことで、「真の里程距離」を表現し、完結させたと思われます。

また、このことから、『魏志』の対馬国には「方四百餘里」、一支国には「地方三百里」と、さらには、『魏略』の一支国には「地方三百里」と、それぞれが「方」を使って「陸地の広さ」の部分を表現して、狗邪韓国から末盧国までの間の里程旅程記事を補完し完結させていると思われます。

（七）　対馬国と一支国の「方」の合計は七〇〇里である

『魏志倭人伝』には、対馬国（対馬島）の陸地の広さについて、「方可四百餘里」と表現しています。これについて、『魏志』には「方四百餘里」という同様の記載がありますが、『魏略』には記載がありません。よってこの部分は、『魏志』をもとにして、「可」の字を加えて完成させたことがわかります。

また『魏志倭人伝』には、一支国（壱岐島）の島の陸地の広さについて、「方可三百里」と表現しています。これについて、『魏志』と『魏略』には、ともに「地方三百里」という同様の記載があります。よって、双方の文献をもとにして、対馬国と同じく「可」の字を加えて完成させたことがわかります。

これらのことから、対馬国の島の広さについて、『魏志倭人伝』には「方可四百餘里」、『魏志』には「方四百餘里」と同様の表現なので、対馬島の広さは「四〇〇里」であることが明らかです。

また、一支国の島の広さについて、『魏志倭人伝』には「方可三百里」、『魏志』には「地方三百里」、『魏略』には「地方三百里」と記され、いずれの文献も「方可三百里」「地方三百里」と同様の表現であることから、壱岐島の広さは「三〇〇里」であることが明らかです。

そうなると、対馬島と壱岐島の二つの島の広さは四〇〇里＋三〇〇里で、合計は「七〇〇里」であることになります。

（八）　対馬国と一支国の「方」は日程陸行旅程には加算しない

ところで、『魏志倭人伝』の対馬国の島の広さの「方可四百餘里」と一支国の島の広さの「方可三百里」には、どちらにも、もとになった『魏志』と『魏略』にはなかった「可」の文字が付加されています。陳寿は、何を意図して「可」の字を付加したのでしょうか。

前述のとおり、陳寿は、狗邪韓国から末盧国までの間の「真の里程距離」を表現するために、三つの渡海距離の表現だけでなく、そこにあえて、対馬国の「方可四百餘里」と一支国の「方可三百里」を付記したものと思われます。狗邪韓国から末盧国までの真の里程距離を表現するために、あえて二つの島の広さの「方」が付加されたものであり、実際の旅程においては、あえてこれら二島に上陸して、歩いて縦断や横断をするものではないと思われます。

この二つの「方」は、あくまでも狗邪韓国から末盧国間の「真の里程距離」を表現するためのものであって、決して、陸行距離あるいは陸行旅程に付加して計算すべきでないと思われます。

つまりは、対馬国の「方可四百餘里」と一支国の「方可三百里」は、『魏志倭人伝』の帯方郡から耶馬臺国に至る日程旅程の、「南至邪馬壹國女王之所都水行十日陸行一月」の「陸行一月」の計算には含めずに、除外して計算すべきと思われます。

一三　一日の水行と渡海は千餘里

『魏志倭人伝』には、帯方郡を出発した魏の使節団が耶馬臺国に到達するまでの里程記事が記されていますが、その中に、

帯方郡から不彌国までの旅程ごとの里程距離

	水行 渡海	陸行	その他
帯方郡			
	七千余里		
狗邪韓国			
	千余里		
対馬国			方四百余里
	千余里		
一支国			方三百里
	千余里		
末盧国			
		五百余里	
伊都国			
		百余里	
奴国			
		百余里	
不彌国			
計	一万余里	七百余里	七百余里
合計	一万一千四百余里		

②「従郡至倭循海岸水行歴韓國乍南乍東到其北岸狗邪韓國七千餘里」
③「始度一海千餘里至對海國」
⑤「又南渡一海千餘里名曰瀚海至一大國」
⑦「又渡一海千餘里至末盧國」

という、帯方郡を出発して末盧国に到達するまでの間の四項目の水行と渡海の旅程記事が記載されています。このうち、狗邪韓国から末盧国までの間の、三つの「渡海」の里程距離は、いずれも「千餘里」と同一に記載されています。

陳寿の『三国志』のうち、『魏志倭人伝』の部分は『魏略』の影響が強く、「この大半が魚豢の『魏略』によったことはうたがいない」といわれています。特に帯方郡から不彌国までの里程旅程の記述部分などは『魏略』に基づいたと思われます。

この狗邪韓国（『魏志』には「拘耶韓国」と表現）から末盧国までの間の渡海旅程について、『魏略』には「始度一海千餘里至對馬國其大官曰卑拘副曰卑奴」、「南度海至一支國置官至對

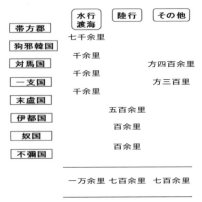

馬同地方三百里」、「又度海千餘里至末盧」とあります。また『魏志』には、「至對馬國戸千餘里」、「又南渡一海一千里名曰瀚海至一大國」、「又渡海千餘里至末（末）盧國」とあり、『魏略』に記された狗邪韓国から末盧国までの間の三つの旅程記事と、『魏志』に記された三つの旅程記事は、いずれも「千餘里」と記載されています。

つまりは、いずれの文献においても、各国間の渡海の水行距離は、「千餘里」あるいは「一千里」と同一距離に記載されていることがわかります。しかし実際には、地図上で確認しても、実測で測量しても、三つの「渡海」の距離は異なっています。ならば、これらの文献は何を意図して、「千餘里」や「一千里」と同一に記載したのでしょうか。

それは、『大唐六典』の記述方式の「一日当たりの里数換算の記事」や『隋書』の「夷人不知里數但計以日」の記述にヒントがあります。つまりは、この三つの間を移動するのに要する時間が同じであることを表現しているのです。

倭人は里数を知らずに日を以て計っていたことから見れば、『魏志倭人伝』、『魏略』、『魏志』の三つの「渡海」里程が、「対岸までを航海するのに同じ時間で到達することができる」ことを表わしていてこの三つの行程の、「渡海」に要する時間が同じであることを表現していると思われます。

ところで、『說文解字敍』には、

「其後諸侯力政、不統於王、惡禮楽之害己、而皆去其典籍。分爲七國、田疇異畝、車涂異軌、律令異

始皇帝が統一した「権」と「量」の金文

法、衣冠異制、言語異聲、文字異形。秦始皇帝、初兼天下。丞相李斯、乃奏同之、罷其不與奏文合者。」

とあり、『中国書論大系第一巻・漢魏晋南北朝』には、福元雅一氏の訳が、

「その後、諸侯は攻伐につとめ、〔周の〕王に統治されず、礼楽が自分に都合が悪いとにくんで、みなその古典の書籍を除いた。分かれて七国となると、田畑は単位面積を異にし、車道は車の幅を異にし、律令は法を異にし、衣冠は制度を異にし、言語は発音を異にし、文字は形を異にした。秦の始皇帝が初めて天下を統一すると、丞相李斯はそこでこれらを同じようにしようと奏上し、文字が秦のものに合致しないものを廃止した。」とあります。

このことから、周の時代には王の力が衰退して統治が乱れ、条里制を初めとして規範が一定のものでなくなり、国や地方ごとに異なるものになってしまった。そして、秦の時代に度量衡や条里制などを統一しようとしたが、秦は統一から滅亡までの間が非常に短命な王朝であったため本来の統一までに至らず、

また、その後の戦乱の時代にあっても、本当の統一までには至らなかったことが明らかになります。

また、『大唐六典』には、

「凡陸行之程馬日七十里歩及驢五十里車三十里水行之程舟乃重者泝河日三十里江四十里餘水四十五里空船泝河四十里江五十里餘水六十里沿流之舟則軽重同制河日一百五十里江一百里餘水七十里」

との記載があり『新版魏志倭人伝』にはその解釈が、

「諸行程は、馬は日に七十里、歩及び驢は五十里、車は三十里。其の水程は、重舟の流れを遡るには、河（黄河）は日に三十里、江（揚子江）は四十里、余水（その他の河川）は四十五里。空船にては、河は四十里、江は五十里、余水は六十里。重船・空船の流れに順うには、河は日に一百五十里、江は一百里、余水は七十里とせよ」

と記されています。

この記述から、唐の時代の、陸行及び水行の実測できない場合の距離換算としての、一日の移動距離の換算値が定められていたことが明らかです。

実測できる場合には実測値を示すが、「実測できない場合は一日の移動距離を以て里数換算を行う」ので、これはいずれも一日の日の出から日没までに航海できるとして、水行と渡海の「千餘里」の表現は、「一日の航海距離を千餘里として表現」したものであることが明らかです。

一四　一日の陸行は六七里

『魏志倭人伝』には「自郡至女王國萬二千餘里」とあり、帯方郡から耶馬臺国までの距離は一二〇〇〇里であることが明示されています。

『魏志倭人伝』のもとになった『魏志』にも、同様に「自帯方至女國萬二千餘里」とあり、帯方郡から耶馬臺国までの距離は一二〇〇〇里であることが明示されています。『後漢書』には「楽浪郡徼去其國萬二千里」とあり、楽浪郡から耶馬臺国までの距離は萬二千里であることが記されています。『隋書』の俀伝には「古云去楽浪郡境及帯方郡並一萬二千里在会稽之東」と、また「去楽浪郡境及帯方郡並一萬二千里」とあり、楽浪郡と帯方郡の境から俀国（倭国のことか）までの距離は一萬二千里であることが記されています。『梁書』には「去帯方萬二千餘里大抵在會稽之東」とあり、帯方郡を去ること萬二千餘里と記されています。

これらのことから、いずれの文献によっても、中国では、帯方郡或いは楽浪郡から耶馬臺国までの距離は、一様に「萬二千里」の距離であるとの認識であったことが明らかです。

また一方、『魏志倭人伝』には、帯方郡から末盧国までの水行・渡海旅程記事（水行ならびに渡海記事）が掲載されています。

この帯方郡から末盧国までの間の水行・渡海旅程記事は、『魏志』にも、『魏志倭人伝』の水行旅程とほぼ同一の表現で示されていて、その合計も一万餘里と同一です。

一方、対馬国と一大国の陸地の広さの合計は七〇〇里であることが明らかです。

したがって、『魏志倭人伝』には「南至邪馬壹國女王之所都水行十日陸行一月」と記されていて、「（帯方郡から）南の倭国の女王の都の耶馬臺国へ至るには水行十日陸行一月（三十日）である（大方の解釈は「順次説」であるが、『魏志倭人伝』の耶馬臺国への旅程の本来の解釈は、「帯方郡起点の放射説」であると思われる）」ことが明記されていますから、帯方郡から耶馬臺国に至るには「水行十日＋陸行三十日」の旅程であることも明らかです。

したがって、実際の一日の陸行旅程距離は末盧国から耶馬臺国までの陸行里程旅程距離の「一二〇〇〇里」を、帯方郡から耶馬臺国に至る旅程の陸行日数の「一月（三〇日）」で割って換算した里数の約六七里である事になります（実際の旅程の行程から推察すれば、帯方郡から耶馬臺国までの旅程において、帯方郡から末盧国までの間を船で移動するに際して、対馬国（対馬）と一大国（一支国＝壱岐）の二国内をあえて上陸して歩いて通過することはありえないので、一日の陸行旅程距離を求めるに際して、現実の旅程と異なる方式を採用して換算する必要はない）。

一五　末盧国から不彌国までは七〇〇里

『魏志倭人伝』には、帯方郡から倭国の女王の都の耶馬臺国に至る旅程記事のうちの、末盧国を出発し

末盧国から不彌国までの各陸行旅程

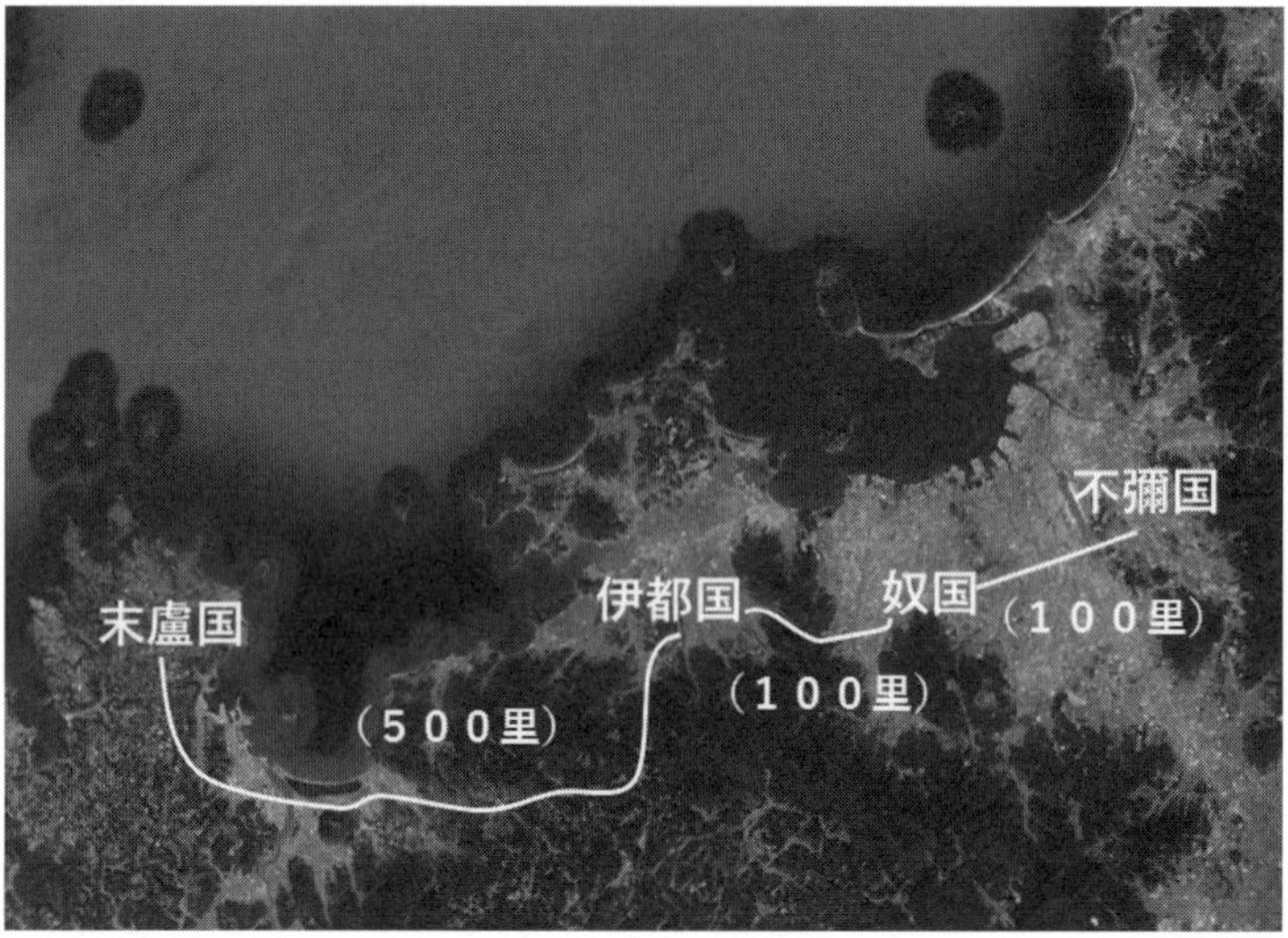

て不彌国までの陸行旅程について、「東南陸行五百里到伊都國」、「東南至奴國百里」、「東行至不彌國百里」、という三つの陸行旅程が記されています。

これらの三つの旅程について、『魏志』には、「東南陸行五百里到伊都國」、「又東南至奴國百里」、「又東行百里至不彌國」、との記載があります。さらに『梁書』には、「又東南陸行五百里至伊都國」、「又東南行百里至奴國」、「又東行百里至不彌國」、との記載があります。しかし『魏略』には、「東南五東（百）里到伊都國」という『魏志倭人伝』の伊都国への旅程に該当する記事の記載はありますが、奴国への旅程と不彌国への旅程の、二つの旅程に該当する記事の記載はありません。

これらのことから、『魏志倭人伝』と『魏略』、『魏志』、『梁書』の記述がそれぞれ同一であることから、末盧国から伊都国までの陸行里程は「五〇〇里」で、また、『魏志倭人伝』は、『魏志』と、『梁書』の記述が同一であることから、伊都国から奴国までの陸行里程は「一〇〇里」となります。

さらに『魏志倭人伝』の記述は、『魏志』と、『梁書』の記述が同一であることから、奴国から不彌国までの陸行里程は「一〇〇里」なのは明らかです。

これらの里程旅程は、陳寿が創作した里数ではなく、それ以前の中国における共通認識の里程であったと思われます。また、以後の中国史書の記載でも、この間の里数が五〇〇里、一〇〇里、一〇〇里と同様に記載されていて、のちの中国においても共通認識であったことがわかりました。

これらのことから、末盧国から不彌国までの三つの陸行旅程の合計は、「五〇〇里」+「一〇〇里」+「一〇〇里」の「合計七〇〇里」です。

一六　耶馬臺国までの残里数は六〇〇里

このように、『魏志倭人伝』やその他の文献の記述をもとに検討すれば、当時の中国の認識は、以下のとおりであったことが明らかです。

① 帯方郡から耶馬臺国までの総里程は一二〇〇〇里であること
② 帯方郡から狗邪韓国までの水行里程は七〇〇〇里であること
③ 狗邪韓国から対馬国までの渡海里程は一〇〇〇里であること

不彌国から女王国までの残里数を求める計算

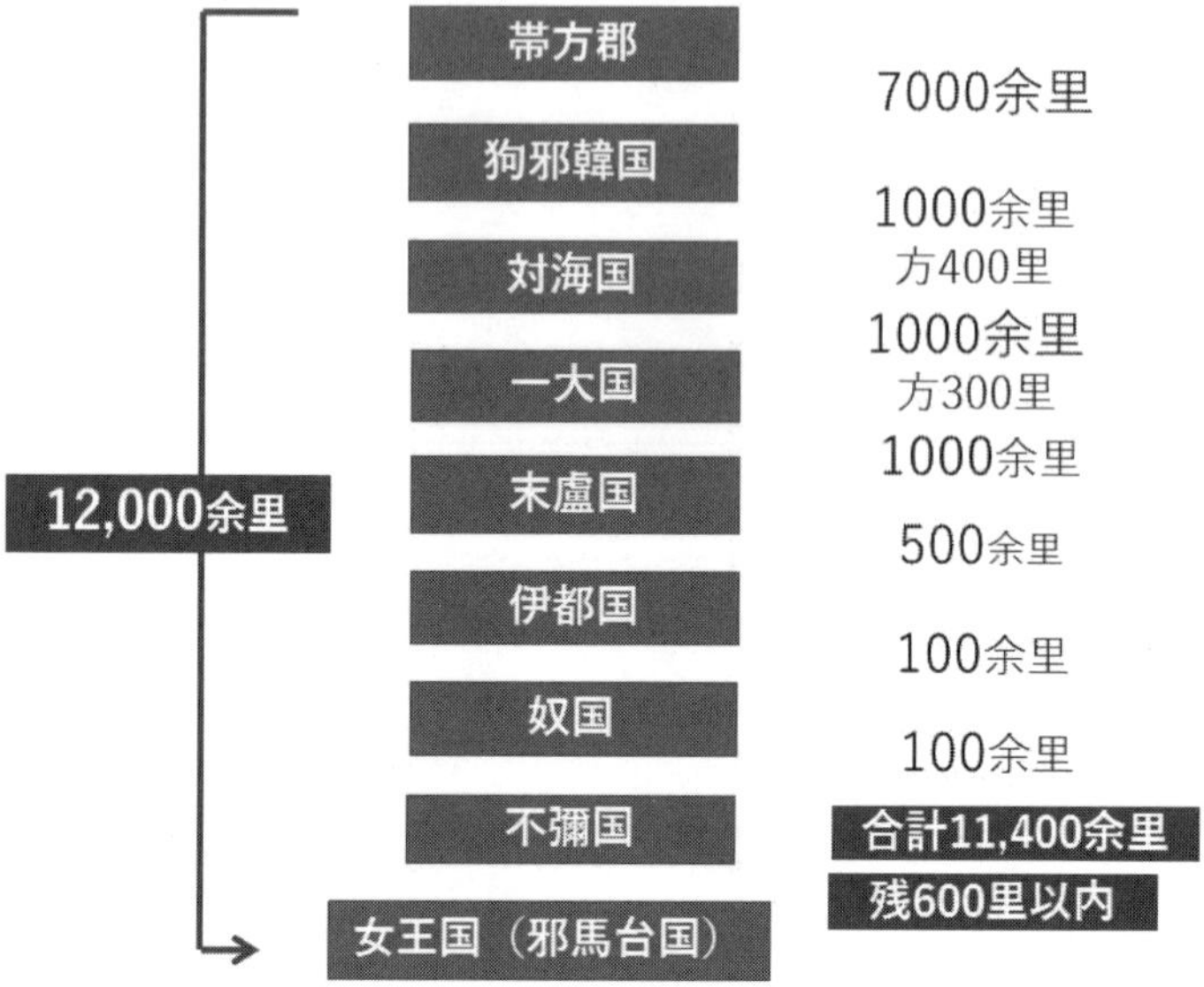

④　対馬国の広さの方は四〇〇里であること

⑤　対馬国から一支国までの渡海里程は一〇〇〇里であること

⑥　一支国の広さの方は三〇〇里であること

⑦　一支国から末盧国までの渡海里程は一〇〇〇里であること

⑧　末盧国から伊都国までの陸行里程は五〇〇里であること

⑨　伊都国から奴国までの陸行里程は一〇〇里であること

⑩　奴国から不彌国までの陸行里程は一〇〇里であること

ところで、『魏志倭人伝』の不彌国から耶馬臺国までの残里数を求めるには、帯方郡から耶馬臺国までの全里数から、帯方郡から不彌国までの里数の合算を引いた差から求められます。

『魏志倭人伝』には、帯方郡から耶馬臺国までの距離は「一万二千餘里」と明記されています。一方、『魏志倭人伝』には、帯方郡から耶馬臺国までの旅程のうちの帯方郡から末盧国までの水行と渡海の里程旅程の記事があり、合計は、ちょうど一〇〇〇〇里です（巻末資料参照）。さらには、対馬国と一支国の二国については、その島の陸地の広さを表す「方」の表記から、対馬国は「方可四百餘里」、一支国は「方可三百里」がわかり、二国（二島）の「方」の合計は七〇〇里です。また、末盧国から不彌国までの陸行旅程表記の合計は七〇〇里です。

これらを計算すると、帯方郡から不彌国までの一連の里程旅程記事の、全里程の合計は一一四〇〇里となります。

ここから、帯方郡から耶馬臺国までの距離の「一万二千餘里」で、帯方郡から不彌国までの一連の「水行」と「渡海」と「方」と「陸行」の全里程旅程距離を合わせた合計の「一一四〇〇里」を差し引けば、不彌国から耶馬臺国までの「真の残里程は六〇〇里」であることが導き出されます。

ところで、『魏志倭人伝』には、②〜⑩の帯方郡から不彌国への一連の里程旅程記事の記載があり、それに続けて、⑪の「南至投馬国水行二十日」という投（殺）馬国に至る日程旅程記事が、さらに続けて、⑫の「南至耶馬壹国女王之所都水行十日陸行一月」という耶馬臺国に至る日程旅程記事の記載があることは再々述べたとおりです。これらの旅程記事を大方の人は、帯方郡起点の「順次式」の旅程記事として解釈してきました。しかし、『魏志倭人伝』の旅程記事は帯方郡起点の「順次式」ではなく、また帯方郡か

不彌国推定地から600里の同心円

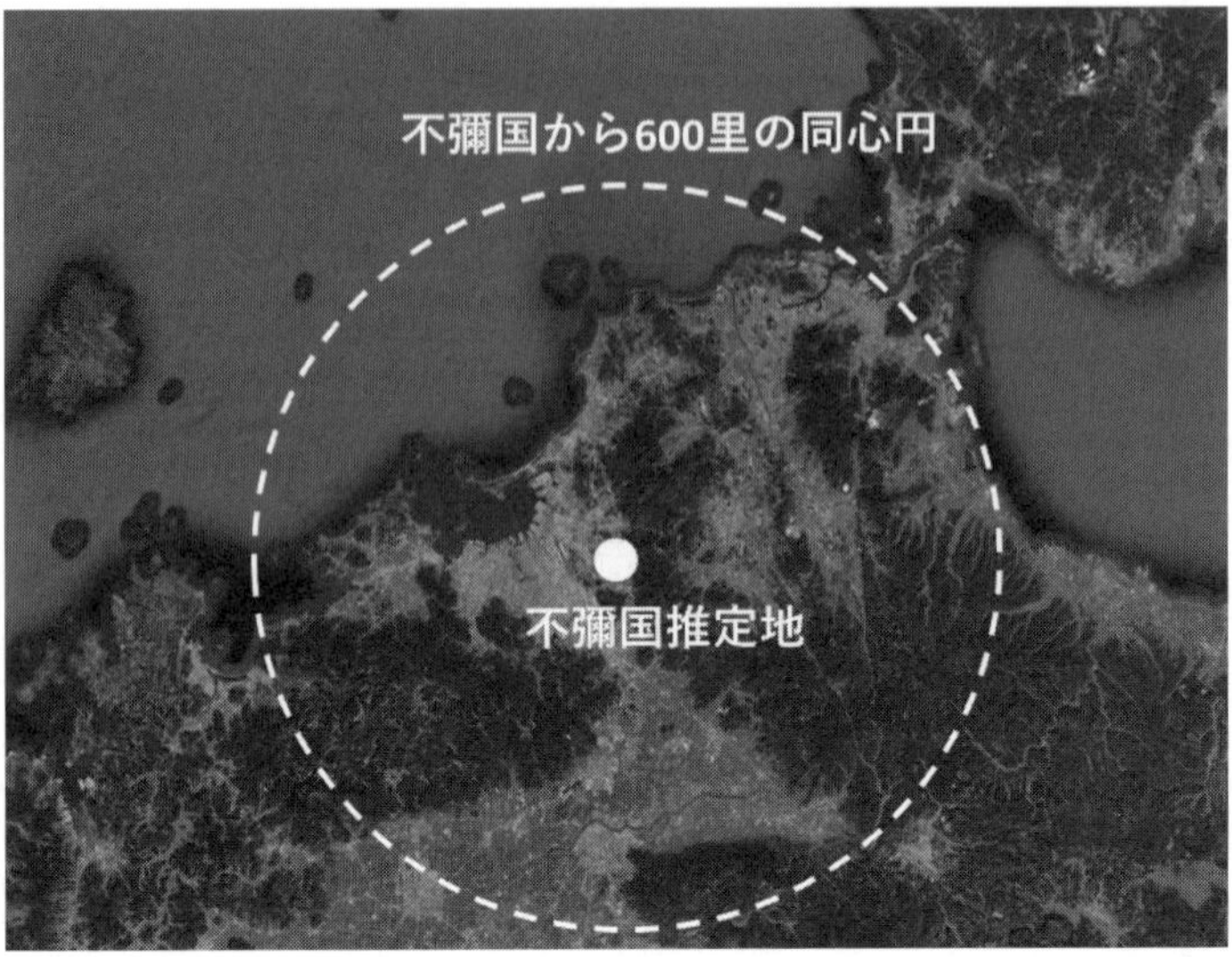

ら伊都国までを順次式で解釈してそれ以降を「放射式」とするものでもなく、これまでの説明からもわかるように全ての旅程記事を「帯方郡起点の放射式」として解釈すべきであることを主張してきました。

また、『魏志倭人伝』の旅程表記には、帯方郡から耶馬臺国に至る里程旅程に不彌国以降の国名の記載がないことからも、不彌国を出発の後は女王国領内に侵入し、直接、女王の都の耶馬臺国に到着するはずだと思います。

つまり、『魏志倭人伝』を、その記述に従い、それぞれのフィルターに合致する陳寿の表記した女王の都の耶馬臺国は、不彌国から六〇〇里の場所に存在することが明らかです。

六〇〇里について考察すれば、『魏志倭人伝』には「東南陸行五百里到伊都國」とあり、末盧国から伊都国までの里程が五〇〇里です。さらに、伊都国から奴国、奴国から不彌国までが各一〇〇里であるから、この六〇〇里という里程は、末盧国から伊都国までの五〇〇里に、伊都国から奴国、あるいは奴国から不彌国までの一〇〇里を加算した程度の距離であり、これらから推察すれば、女王の都の耶馬臺国の場所は、北部九州の、おそらくは福岡県内の範囲からは出ないであろうと考えています。

一七　残里数はわずか五%

『魏志倭人伝』には、帯方郡から耶馬臺国までの旅程距離について「自郡至女王國萬二千餘里」との記載があり、これについて、『魏略』には「自帯方至女國萬二千餘里」、『魏志』には「自帯方至女國萬二千餘里」、『梁書』には「倭者自云太白之後俗皆文身去帯方萬二千餘里大抵在會稽之東」とあります。

いずれの文献でも、「萬二千餘里」と同一表現であることから、帯方郡から耶馬臺国までの旅程の距離は「一二〇〇〇里」であることが明らかです。

また、『魏志倭人伝』には、帯方郡から不彌国までの里程旅程の記載があり、これについては、『魏略』、『魏志』、『梁書』の里程表現がほぼ同一なので、帯方郡から不彌国までの里程は、七〇〇〇里＋一〇〇〇里＋四〇〇里＋一〇〇〇里＋三〇〇里＋一〇〇〇里＋五〇〇里＋一〇〇里＋一〇〇里で、合計は「一一四〇〇里」であることが明らかです。

よって、帯方郡から耶馬臺国に至る全旅程の「一二〇〇〇里」から、帯方郡から不彌国までの「真の里程距離」の合計の「一一四〇〇里」を差し引けば、不彌国から耶馬臺国までの真の残里程は「六〇〇里」という計算になります。

これは、帯方郡を出発して不彌国に到着した魏の使節は、全里程旅程一二〇〇〇里のうちの九五％にあたる里程旅程の一一四〇〇里をすでに経過していることから、残里数「六〇〇里」は五％にあたることになります。

第四　日程のフィルター

『魏志倭人伝』の旅程記事には、耶馬臺国に至る魏の使節団の帯方郡から不彌国までの里程旅程記事と、倭国から倭種の国までの里程旅程記事の「二種類の里程旅程記事」と、帯方郡から殺馬国までの日程旅程記事と、耶馬臺国に至るまでの日程旅程記事と、倭種の国の裸国・黒歯国までの日程旅程記事の「三種類の日程旅程記事」が記載されています。

集約すれば、『魏志倭人伝』の旅程記事は、里程旅程記事と日程旅程記事の、二種類の記載方式に大別されます。これらの二つの旅程記事が連続して記載され、また、『魏志倭人伝』の本文の記述が漢文の棒書きであることから、帯方郡から耶馬臺国に至る旅程中の里程と日程の二つの旅程記事を、「順次式」で解釈する順次説の解釈が、多く採用されてきました。

しかし、『魏志倭人伝』ならびに他の正史中の倭の女王の都（倭女王や女国と記すものもある）の耶馬臺国への旅程記事を比較検討しつつ分析すれば、この「順次式」の解釈には無理があります。

一　水行萬餘里は一〇日の旅程

『魏志倭人伝』の帯方郡から末盧国までの間の旅程距離は、②帯方郡から拘耶韓国までの間の七千餘里+③狗邪韓国から対馬国までの間の千餘里+⑤対馬国から一支国までの間の千餘里+⑦一支国から末盧国までの間の千餘里で、合計一万餘里であることは明らかです。

これまでも述べてきましたが、狗邪（拘耶）韓国から対海（馬）国までの渡海距離はいずれの文献でも同一で、「千餘里」です。また対馬国から一支国までの渡海距離も、「千餘里」です。さらに一支国から末盧国までの渡海距離も「千餘里」と認識されていて、狗邪韓国から末盧国までの各島国間の渡海距離は、各千餘里と同一表現です。しかし、これら三つの渡海距離は、実測では全く異なります。

実測では全く異なる渡海距離を同一に表現したのは、実測の渡海距離が同じということではなく、それらを渡海するための所要時間が同一であることの表現であるからです。

このことは、『隋書』に「夷人不知里數但計以日」、つまり、「中国の隋代（五八一〜六一九年）においても、倭人の里数は固定里ではないか、あるいは度量衡の基準を持ちえず、そのために、日数を以て里數換算とした」ことを述べています。

また『大唐六典』には、

「凡陸行之程馬日七十里歩及驢五十里車三十里水行之程舟乃重者泝河日三十里江四十里餘水四十五里空船泝河四十里江五十里餘水六十里沿流之舟則軽重同制河日一百五十里江百里餘水七十里」

とあり、唐の時代においても、実測できない旅程においては、一日あたりの移動距離の里換算が定められていました。

『魏志倭人伝』の時代の一日の水行や渡海の距離は、当時の造船技術や構造から割り出さねばなりません。当時の造船状況は、古墳の壁画や出土物をもとに推測すると、丸太をくりぬいた独木舟に数名の漕ぎ手が乗船し、手漕ぎで漕ぎ進んだと思われます。

『魏志倭人伝の航海術と邪馬台国』には、弥生時代の遺物をもとに再現して行われた「からむし二世号」と「時代号」と「なみはや」の三つの実験航海が取り扱われています。

「からむし二世号」の実験は、昭和五八年七月、島根県松江市の津田小学校の先生方で作る「縄文時代の一日を再現する会」（通称　からむし会）のメンバーにより、隠岐の島から島根県七類港までの五六km（朝鮮半島の釜山から対馬北端の鰐浦までの五九kmにほぼ匹敵する）での実験航海です。全長八・二〇m、最大幅八四cm、左舷舷縁から右舷舷縁までの間隔が四六cmの丸木舟に乗組員総数五名（漕ぎ手四名、操舵手一名）で航海を行い、その結果、速力は二・四ノットでした。

「時代号」の実験は、昭和五〇年に西都原古墳（宮崎県）出土の船型埴輪をもとにした古代船が造られ、左右七名ずつの合計一四名の漕ぎ手により釜山―博多間で行われ、平均速力は一・六七ノットでした。

「なみはや」の実験は、平成元年に長原高廻り一号墳出土の船型埴輪をもとにした古代船が造られ、左右四名ずつの合計八名の漕ぎ手により、平均速力は二ノットであったとされています。

さらに、実験航海以外にも昭和六一年六月に上対馬町の青壮年が七丁櫓の和船で対馬北端の大浦湾（大河内湾）から釜山間で海峡を横断し、速力は三・六ノットであったとされています。

これらの実験から釜山から対馬、対馬から壱岐、壱岐から唐津の三つの渡海の旅程は、いずれも一日の日の出から日没までに航海できる距離であることが実証されています。

また、平成一一年植村直己冒険賞受賞者の冒険家で、人類学者かつ外科医の関野吉晴氏のホームページには、

「たとえばベーリング海峡で、最初は凍った海を徒歩で渡ろうとしたが、地球温暖化の影響で海峡が凍らない、そこでエスキモーと一緒に、クジラ捕りに使う皮張りの舟で渡ることにした。三度チャレンジしたが、天候が悪く、失敗に終わった。最後はシーカヤックで渡ろうとしたが、海が荒れて身動きできない。待ち続けた。一〇日待って、やっと風がやんだ。こんなチャンスは二度とないと思い、一二〇キロの距離を、ほとんど二四時間漕ぎ続けて渡った」（関野吉晴氏ＨＰ、『関野吉晴　探求する人生』）

とあり、同氏がベーリング海峡一二〇㎞をシーカヤックを使用して、ほぼ二四時間で横断したことが記されています。

つまり、『魏志倭人伝』と『魏志』では、狗邪韓国から末盧国までの間の狗邪韓国→対馬国、対馬国→一支国、一支国→末盧国の各渡海の航海が、各一日の航海であることの表現として、各渡海里程を「千餘里」と表現したものと思われます。

この計算からすると、帯方郡から狗邪韓国までの「七千餘里」は、七日間の水行旅程の里程であることを表現しているものといえます。

よって、帯方郡から末盧国までの水行と渡海の旅程は、七〇〇〇餘里＋一〇〇〇餘里＋一〇〇〇餘里＋一〇〇〇餘里の、合計「一万餘里」であり、つまりはこの間の水行と渡海の旅程の合計が「十日間」の航海であったことを表わしています。

二　水行二十日は二萬餘里の距離

『魏志倭人伝』には、帯方郡から不彌国に至る里程旅程記事に続けて、「南至投馬國水行二十日」という投（殺）馬国に至る日程旅程が記されています。これについて、『魏志』には「又南水行二十日至於投馬國」と、『梁書』には「又南水行二十日至投馬國」と記されています。しかし、『魏略』にはこの旅程記事がありません。

よって、『魏志倭人伝』の「南至投馬國水行二十日」は、『魏志』の「又南水行二十日至於投馬國」をもとに「又」の一字を省き、方向の「南」を先に、到達地の「至投馬國」を次に、そして最後に旅程の「水行二十日」を記して完成させたものと思われます。

いずれの文献においてもほぼ同様の表現であることから、当時の中国の認識では、帯方郡から投馬国に至る旅程は「南に向かって水行二十日の日程旅程」であると認識されていたことが明らかです。

また、『魏志倭人伝』から約三四〇年後の『梁書』においても同様の内容の表現であることからすれば、三四〇年後においても、「南に向かって水行二十日の日程旅程」との認識で一致していたことが伺えます。

ところで、『隋書』の「夷人不知里數但計以日」や『大唐六典』の「凡陸行之程馬日七十里歩及驢五十里車三十里水行之程舟乃重者泝河日三十里江四十里餘水四十五里空船泝河四十里江五十里餘水六十里沿流之舟則軽重同制河日一百五十里江百里餘水七十里」との記述の、「日里換算説」（日をもって里に換算計算する事から、仮に、ここでは「日里換算説」と呼びます）を参考に解釈すれば、前述のとおり、『魏志倭人伝』と『魏志』では、狗邪韓国から末盧国までの間の狗邪韓国→対馬国、対馬国→一支国、一支国→末盧国の各渡海の航海が、各一日の航海であることの表現として、各渡海里程を「千餘里」と表現したものと思われます。

よって、「一〇〇〇里が一日当たりの水行あるいは渡海のみなし日里換算である」ことが明らかです。

そのことからすれば、帯方郡から投馬国（殺馬国）までの「水行二十日」の旅程は、「二〇〇〇〇里（二萬餘里）」の航海旅程であったことが裏づけられ、「殺馬国」である投馬国は帯方郡から南へ水行もしくは渡海で二十日間の航海の場所にあることになります。

また、前述のとおり帯方郡から末盧国までの旅程が、水行もしくは渡海で一〇〇〇〇里、つまりは十日間の航海であったことからすれば、末盧国から投馬国までの旅程は、水行二十日（二〇〇〇〇里）から水行・渡海十日（一〇〇〇〇里）を差し引いた水行十日（一〇〇〇〇里）であることになります。

ところで、投馬国の「投」の字は「殺」の字の誤りではないかと思われます。「投」と「殺」は、互いの旁部分は同一であり、異なるのは偏の部分だけです。「投」の偏は「扌」であって、「殺」の偏は「メ」と「木」です。

楷書では全く異なる字形の文字が、草書殺字では同一もしくは酷似する字形に変化する場合があります。そのため、草書は書体の中で最も誤りの起こりやすい書体です。

ところで、偏の「扌」と「木」の互いの草書殺字の中には、同一と思えるくらいに酷似したものがあります。「投」と「殺」の草書殺字は誤りやすく、『魏志倭人伝』の原本は草書で書かれていたこと、さらには、陳寿の三国志撰述のもと資料とされた『魏略』や『魏志』・『魏書』等も草稿段階では草書で書かれていたであろうことから、「殺」と書くべきものを「投」と誤記したものと思われ、よって、投馬国は殺馬国の誤りではないかと思われます。

「殺馬」は、中古音では「sʌt mă（mbă）」で、上古音では「săt măg」です。よって、音韻の音のみで読めばその読みは「サッマ」と思われ、『倭名類聚抄』の「薩摩郡」がその音に一致しています。

また、植村誠二氏の『投馬国について』（『日本歴史』第一八八号、昭和三九年一月）には、

「投が殺の譌誤であるとすれば、殺は桑葛切 sat であって薩と全く同音であるから、完全に一致することとなるのである。『魏志』特にその外国伝に魚魯の誤りの多いことは、嘗て桑原隲蔵博士が「東洋史研究所感」の中で指摘されたところである。倭人伝の中にも幾つもその旁例がある。して見れば、投を殺の誤りとすることも、決して可能性の乏しいことではあるまい」

と記されています。

このことからも、「殺馬国」は現在の薩摩半島を中心とする地方ではないかと思われます。

鹿児島県南さつま市の「坊津《ぼうのつ》」は、昔は「唐《から》の港」や「入唐道《にっとうどう》」と呼ばれ、福岡市の「博多津」、三重県津市の「伊勢の安濃津」と並び、かつて中国との貿易で栄え、「日本三津」の一つに数えられました。

中国の司馬遷の『史記』には、徐福の派遣についての記事が記されています。徐福が派遣されたのが本当に日本であるのか、また到着したのはどこであるのかについては諸説あり、結論は出ていません。しか

し、これらの記事が中国正史に記載されることから見れば、陳寿の東海上の国への派遣については争いのない所で、蓋然性が高いものと思われます。

ところで、徐福の紀元前二一〇年の第二回目の出航のその場所が、有力とされる中国浙江省寧波市あるいは慈渓市であるとするならば、この航海は、沖縄あるいは奄美諸島を経由して倭国と想定される九州島最南端のいわゆる坊津を含む「サツマ」国を最初の目的地とした（これらの島に寄港もしくは上陸するかどうかは不確定ではあるが）、いわゆる遣唐使船の南島路ルートと同様の航路であろうことが推察されます。

さて、『日本書紀』孝徳天皇の条の白雉四年の項には、

「四年の夏五月の辛亥の朔壬戌に、大唐に発遣す大使小山上吉士長丹、副使小乙上吉士駒、駒、更の名は糸。学問僧道厳・道通・道光・恵施・覚勝・弁正・恵照・僧忍・知聡・道昭・定恵　定恵は内大臣の長子なり。安達　安達は中臣渠毎連が子なり。道観　道観は春日粟田臣百済が子なり。学生巨勢臣薬　薬は豊足臣が子なり。氷連老人　老人は真玉が子なり。或本に、学問僧智弁・義徳、学生坂合部連磐積を以て増へたり。併て一百二十一人、倶に一船に乗る。室原首御田を以て、送使とす。又の大使大山下高田首根麻呂、更の名は八掬脛。副使小乙上掃守連小麻呂、学問僧道福・義向、併て一百二十人、倶に一船に乗る。土師連八手を以て、送使とす。」

とあり、遣唐使船乗船者の選任の記事が記され、また、同年七月の項には、

「秋七月に、大唐に遣さるる使人高田首根麻呂等、薩麻の曲・竹嶋の間に、船合りて没死りぬ。唯五人のみ有りて、胸に一板を繋けて、竹嶋に流れ遇れり。所計知らず。五人の中に、門部金、竹を採りて筏に為りて、神嶋に泊れり。凡そ此の五人、六日六夜を経て、全ら食飯はず。是に、金を褒美めて、位を進め禄給ふ。」

とあり、先の五月に選任された遣唐使らの乗船した遣唐使船二隻が、薩麻の曲と竹嶋の間で互いの船体が接触して片方が沈没し、そのうちの五名だけが「神嶋」に流れ着いて助かったことが記されています。

このことからすれば、この時の遣唐使船の航路も、九州最南端の坊津から島伝いに南下して中国大陸への上陸を目指す南島路の航路であろうことが推察されます。

また、『日本書紀』の斉明天皇の条の七年五月九日の項の左注には、

「伊吉連博得書に云はく、辛酉の年の正月二十五日に、還りて越州に到る。四月一日に、越州より上路して、東に帰る。七日に、檉岸山の明に行到る。八日の鶏鳴之時を以て、西南の風に順ひて、船を大海に放つ。」

とあり、六六一年に朝倉の斉明天皇のもとに帰還した遣唐使船の航海が記されています。ここに「越州より上路して、東に帰る。七日に、檉岸山の明に行到る。八日の鶏鳴之時を以て、西南の風に順ひて、船を大海に放つ」とあることから、六六一年に朝倉の斉明天皇のもとに帰還した遣唐使船の復路の航海も、結果的には嵐で遭難して耽羅島を経由しての帰還になったものの、当初の予定では、南島路の航路による九州最南端の薩摩国の坊津への到着をめざした航海であったことが推察されます。

これらのことから、唐から日本への遣唐使船の復路の航海だけでなく、一説にあるように、単に、「気象条件により南路から外れた場合にやむを得ずとった航路」でなくとも、遣唐使船の唐への往路の航路の中にも、北路と南路のほかに南島路の航海があったことが明らかになり、この航路の場合は、おそらくは九州最南端の薩摩国の坊津から出航したであろうことが伺われます。

また、鑑真和上は、七四三年の第一回の航海の計画から一一年目の七五四年一月一七日、第六回の航海にしてようやく日本の地にたどり着きました。この時の記録を見れば、鑑真和上ら一行を乗せた船は、七五三年一一月一六日に四隻の遣唐使船にて出航しました。途中、第四船は行方不明になりましたが、同年一二月二〇日に第三船が、そして翌二一日に第一船と第二船が阿児奈波嶋（現沖縄）に到着し、ここに半月滞在しました。そして、翌七五四年一月三日に三船は日本を目指して沖縄を出港しましたが、第一船は出航直後に座礁してベトナムに漂着し、その後唐に帰りました。残り二船は七五四年一月九日に益救嶋

(現屋久島)に到着して鑑真の来朝がかないました。一月一五日に二船は大宰府を目指して屋久島を出航しましたが、翌日に遭難して二船は分かれ、鑑真の乗った第二船は七五四年一月一七日に九州最南端の薩摩国の坊津に到着しました。

このことからも、南島路の到着地が、九州の最南端の薩摩国の坊津であったことが明らかです。

これらのことから推察するに、「坊津」を含む「サツマ」国は、弥生時代前期から、沖縄や奄美諸島と北部九州や朝鮮半島との交易における南九州第一の拠点であり、当時の中国人の意識の中では、倭国に至る南島路の最初の到達点の、九州最南端の国として共通認識の地であったと思われます。

その意味から、陳寿は『魏志倭人伝』撰述に際して、帯方郡から不彌国に至る里程旅程記事に続けて、『魏志』の「又南水行二十日至於投馬國戸五萬置官曰彌彌副曰彌彌郍利」との記述をもとに、「南至投馬國水行二十日官曰彌彌副曰彌彌那利可五萬餘戸」と記して、帯方郡から倭国である九州の最南端の「投馬国(殺馬国の誤り)」に至る日程旅程を記して、九州の大きさを表現し、さらに続けて、耶馬臺国に至る日程旅程記事を記したものと思われます。

つまり、『魏志倭人伝』の「投馬國」は「殺馬国」の誤りで、九州最南端の「薩摩国」のことではないかと考えています。

よって陳寿は、「殺馬国」が九州(つまりは倭国)の南端、つまり、中国からの南島路で、倭国への最初の到着地であり玄関口であるとの意から、あえて『魏志倭人伝』に「南至投馬国水行二十日」と記したものと推察します。

三　水行一月は三萬餘里の距離

『魏志倭人伝』には「又有裸國黒齒國復在其東南船行一年」とあり、倭種の国の裸国と黒歯（歯は齒の新字体）国への旅程が記されています。『後漢書』には「自女王國南四千餘里至朱儒國人長三四尺自朱儒東南行船一年至裸國黒齒國使驛所傳極於此矣」とあり、また『梁書』には「又南黒齒國裸國去倭四千餘里船行可一年至」とあります。しかし『後漢書』と『梁書』のそれぞれの成立年代から見れば、『魏志倭人伝』の記述に倣って書き改めたものではないかとも思われます。

しかし、「裸國」と「黒齒國」の方位をいずれも「南」（『後漢書』では侏儒国を倭国の南に位置させ、裸国と黒歯国をその東南に位置させた）と記して、起点を倭国と取り違えている（裸国・黒歯国を琉球や奄美と間違えたものか）ことからすれば、むしろ『魏志倭人伝』以前の古資料をもとにしたものかとも思われます。

これらの各記述には「一年」と記されていますが、実際に船で一年の航海をすれば、到底そこは日本では（倭国でも）ありません。また、「年」と「月」の互いの草書殺字には同一と思えるほど酷似したものがあります。よって、ここで記された「年」は「月」の誤りと思われます。そこで年を月に置換して解釈すれば、「又有裸國黒齒國復在其東南船行一月」と記されていることになります。

『魏志倭人伝』では、裸国・黒歯国が東南に位置することが明記されています。しかし、その「船行一年（一月の誤り）」の旅程の起点の「其」がどこであるかは明示されていません。よって、その旅程の起点が、帯方郡か、倭国か、耶馬臺国か、殺馬国か、侏儒国かについては謎のままです。

しかし、魏の使節団の旅程の出発点の帯方郡から末盧国までの水行旅程の合計里程の日数換算、帯方郡から投馬国と誤記された殺馬国までの水行旅程の日数の二つの日数旅程の表記を基準にすれば、裸国・黒歯国への船行一月の日数換算の水行旅程の起点は、「帯方郡」であろうことが推察されます。

ところで「一月」という表記が、「二十八日」なのか、それとも「三十日」かについては疑問です。しかし『魏志倭人伝』の殺馬国への旅程記事には「南至投馬國水行二十日」とあり、また、耶馬臺国への旅程では「南至邪馬臺國女王之所都水行十日陸行一月」と記されています。このことから見れば、『魏志倭人伝』の日数換算は、「十日」を一つの基準としていると思われます。よって、ここで表記された一月（実際には一年と誤記されているが）は、三十日のことと思われます。

『魏志倭人伝』の水行・渡海の旅程換算は、「日里換算」により、「千餘里が一日の水行と渡海の航海の旅程」であると考えられ、そのことから、「水行一月」は、つまりは「水行三十日」のことであり、「水行・渡海の三万餘里」のことであると思われます。

帯方郡起点の里程旅程と日程旅程の考え方

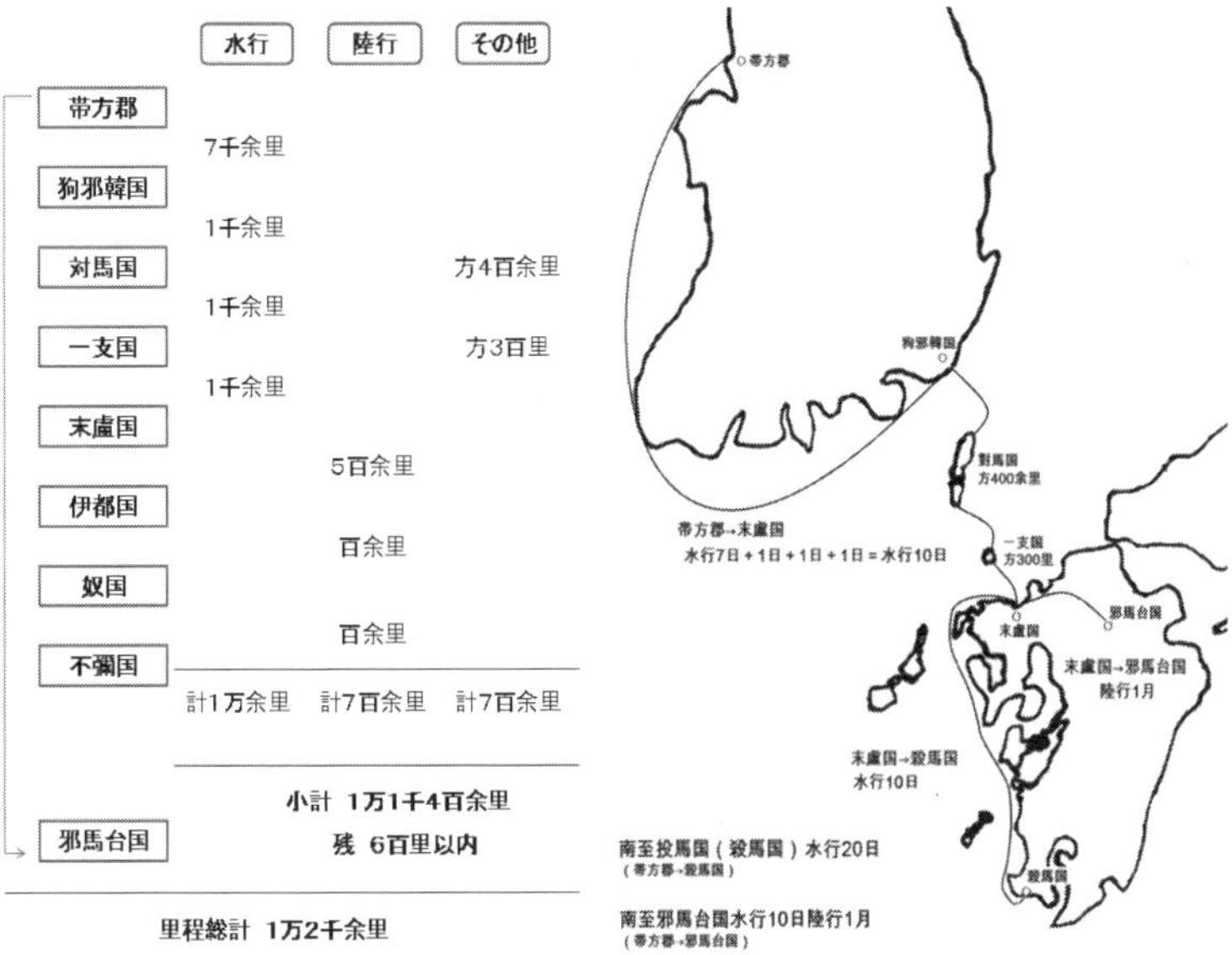

したがって、『魏志倭人伝』の水行旅程記事は、帯方郡から末盧国までの水行旅程の合計がちょうど「一万餘里」であって、つまりは「十日」の水行旅程であること、そして、帯方郡から殺馬国までの水行旅程がちょうど「二万餘里」の水行旅程であって、つまりは「二十日」の旅程であること、さらには、帯方郡から裸国・黒歯国までの水行旅程が「一月」であって、つまりは「三十日」の水行旅程であることから、これは「三万餘里」の水行旅程であることがわかります。

このように、『魏志倭人伝』の水行旅程の単位は、「一日当たりの水行旅程距離が千餘里」という「日里換算」であって、「十日」を一くくりとしているものであろうことが明らかになります。

四　耶馬臺国までは水行十日陸行一月

『魏志倭人伝』には、耶馬臺国に至る旅程として、「南至邪馬壹國女王之所都水行十日陸行一月」という日程旅程記事表記と、「自郡至女王國萬二千餘里」という里程旅程記事表記の、二つの表現が併記されています。

このことは、『魏志倭人伝』の撰述のもとになった『魏志』にも、「又南水行十日陸行一月至耶馬臺國戸七萬女王之所都」「自帯方至女國萬二千餘里」という二つの表現があります。しかし、この表現は、『魏略』逸文にはありません。

ところが、『後漢書』には「邪馬臺國案今名邪摩惟音之訛也楽浪郡徼去其國萬二千里」とあり、『隋書』には「邪靡堆則魏志所謂邪馬臺者也古云去楽浪郡境及帯方郡並一萬二千里在會稽之東」とあり、『梁書』には「倭者自云太白之後俗皆文身去帯方萬二千餘里大抵在會稽之東相去絶遠」と「又南水行十日陸行一月日至祁馬臺國即倭王所居」という記述があります。

これらの記述から、他の歴史書でもほぼ『魏志倭人伝』と同様の、「帯方郡から倭国の女王の都の耶馬臺国までの旅程は水行十日と陸行一月である」との日程旅程表現と、「帯方郡から耶馬臺国までの距離は萬二千餘里である」との里程旅程表現の、二種類の表現方法が採用されて併記されています。

また、『魏志倭人伝』には、帯方郡を出発した魏の使節団の耶馬臺国への旅程のうちの不彌国に至るまでの里程旅程が記されています。帯方郡を出発した使節団は、水行と渡海で、「狗邪韓国」、「対馬国」、「一支国」、「末盧国」への水行・渡海の旅程を経たのちに上陸して、陸行で「伊都国」、「奴国」を経由し、「不彌国」に至ったことが記されています。

『魏志倭人伝』には「南至邪馬壹國女王之所都水行十日陸行一月官有伊支馬次曰彌馬叔次曰彌馬獲支次曰奴佳鞮可七萬餘戸」という耶馬臺国に至る日程旅程および国情説明が記されています。これについて、『魏志』には「又南水行十日陸行一月至耶馬臺國戸七萬女王之所都其置官曰伊支馬次曰彌馬叔次曰彌馬獲支次曰奴佳鞮」と記されています。しかし『魏略』には、この旅程記事がありません。

よって、『魏志倭人伝』の「南至邪馬壹國女王之所都水行十日陸行一月官有伊支馬次曰彌馬叔次曰彌馬獲支次曰奴佳鞮可七萬餘戸」は、『魏志』の「又南水行十日陸行一月至耶馬臺國戸七萬女王之所都其置官曰伊支馬次曰彌馬叔次曰彌馬獲支次曰奴佳鞮」を用いて、それをもとに、冒頭の「又」の一字を省き、方向の「南」を先に、到達地の「至耶馬壹國」を次に、そして補足説明の「女王之所都」を、そしてその後に旅程の「水行十日陸行一月」を記して、その後に「其置官曰」の四文字を「官有」の二文字で簡潔に表現し、それに続けて「伊支馬次曰彌馬叔次曰彌馬獲支次曰奴佳鞮」を記載して、最後に「戸七萬」を「可七萬餘戸」と表現して完成させたものと思われます。

いずれの文献においてもほぼ同様の表現であることから、当時の中国において、帯方郡から耶馬臺国に至る旅程は「南に向かって水行十日陸行一月の日程旅程」であると認識されていたことが明らかです。

また、『魏志倭人伝』から約三四〇年後の『梁書』においても「又南水行十日陸行一月日至祁馬臺國即倭王所居」という、同様の内容の表現であることからすれば、三四〇年後においても「南に向かって水行十日陸行一月の日程旅程」という認識で一致していたことが伺えます。

これらのことから、帯方郡起点の耶馬臺国への日程旅程記事も、帯方郡から不彌国への里程旅程記事とは異なる、帯方郡起点の「放射説」であると思われます。

そして、帯方郡から耶馬臺国に至る日程は、いずれの文献にも「水行十日陸行一月」とあることから、当時の中国では、帯方郡から耶馬臺国に至るには、「水行十日」で末盧国に上陸し、そこから「陸行一月」であると認識されていたと思われます。

五　まとめ

以上のことからすれば、当時の中国での認識としては、帯方郡から女王の都の耶馬臺国までの総里程距離は萬二〇〇〇里であること。帯方郡から狗邪韓国までの水行里程距離は七〇〇〇里であること。狗邪韓国から対馬国までの渡海里程距離は一〇〇〇里であること。対馬国の島の大きさを表す「方」は四〇〇里であること。対馬国から一支国までの渡海里程距離は一〇〇〇里であること。一支国の島の大きさを表す「方」は三〇〇里であること。一支国から末盧国までの渡海里程距離は一〇〇〇里であること。末盧国から伊都国までの陸行里程距離は五〇〇里であること。伊都国から奴国までの陸行里程距離は一〇〇里であること。奴国から不彌国までの陸行里程距離は一〇〇里であること。そして、投馬国（殺馬国の誤りと思わ

殺馬国と耶馬臺国への旅程の考察

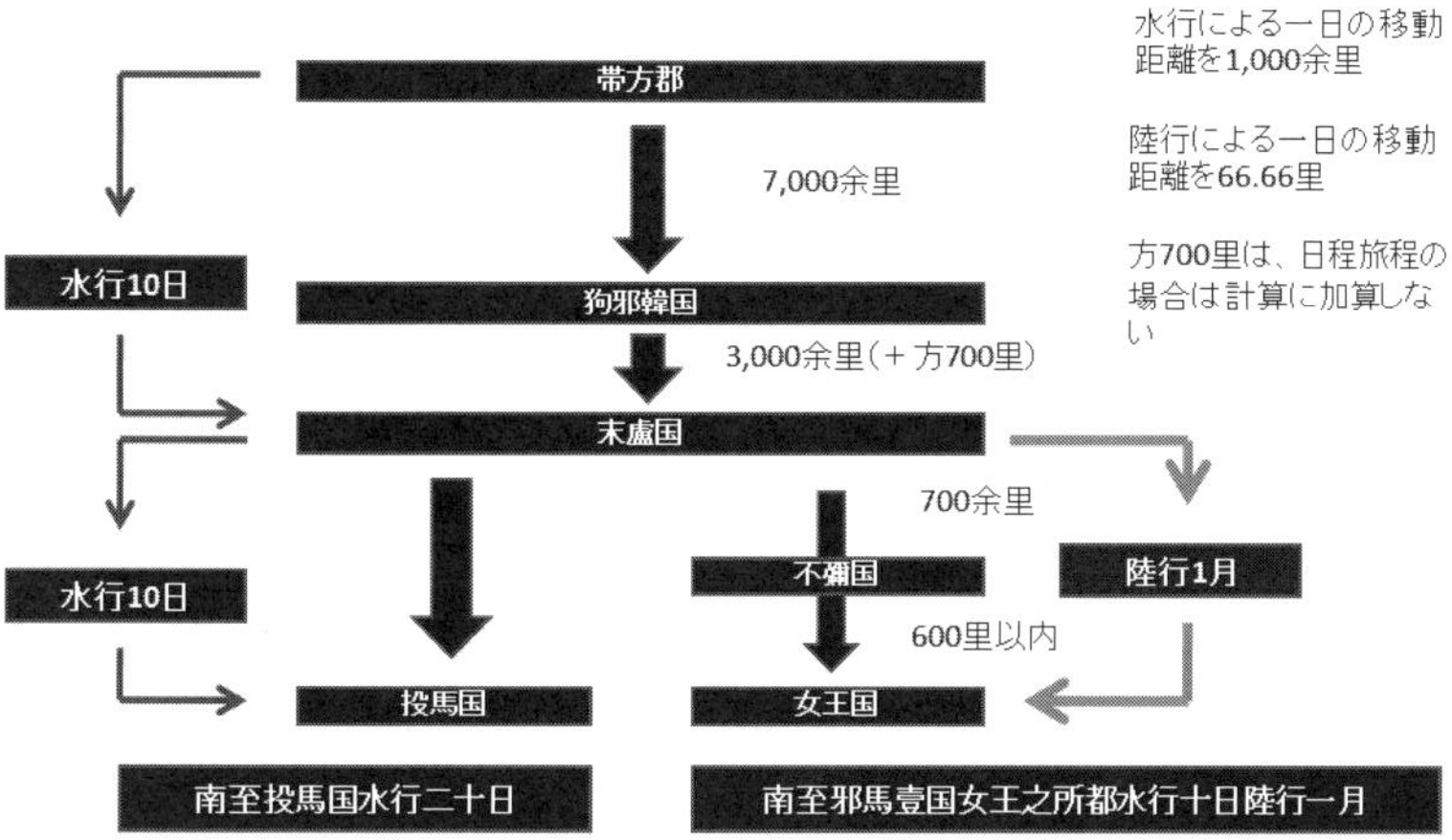

れる）に至る日程旅程は水行二十日であること。耶馬臺国に至る日程旅程は水行十日陸行一月であることが共通認識であったことが明らかです。

また、『魏志倭人伝』から約三四〇年後の『梁書』においても、ほぼ同様の表現が使用されていることからすれば、三四〇年後の認識も同様であったことが伺えます。

このことから、投馬国（殺馬国と思われる）への日程旅程記事は、帯方郡から耶馬臺国への旅程のうちの帯方郡から不彌国までの里程旅程に連続する記事ではなく、つまりは「順次説」の解釈ではなく、それとは異なる帯方郡起点の投馬国（殺馬国）への日程旅程記事であると思われます。

そして、帯方郡から殺馬国に至る日程は、いずれの文献にも「水行二十日」とあることから、当時の中国では、帯方郡から殺馬国へ至る水行日程は「水行二十日」であると認識されていたと思われます。

このように、『魏志倭人伝』には帯方郡から不彌国へ至る里程旅程記事に続けて、「南至投馬國水行二十日」という投馬国への日程旅程記事が記され、さらに続けて、「南至邪馬壹國女王之所都水行十日陸行一月」という耶馬臺国への日程旅程記事が記されています。

このことから、これまでの大方の解釈は、これらの帯方郡から不彌国までの里程旅程記事と、殺馬国に至る日程旅程記事と耶馬臺国に至る日程旅程記事の、これら三つの旅程記事をそのまま続けて順次式で解釈する「順次説」の解釈が殆どでした。

しかし、『魏志倭人伝』をきちんと解釈するには、「里程のフィルター」と「日程のフィルター」を同列に並べて順次式で解釈するのは誤りで、それぞれのフィルターは別に検討して解釈し、どちらのフィルターにも合致して合理的に納得できる解釈をするべきと思われます。

そして、それらのすべてのフィルターに合致した場所こそが、倭国の女王の都の「耶馬臺国」であることを認識すべきと思われます。

第三章　旅程解釈

第一　順次式旅程解釈はありえない

一　里程と日程は別次元の旅程

『魏志倭人伝』には、帯方郡から不彌国までの里程記事の記載があり、それに続けて「南至投馬國水行二十日」という投（殺）馬国への日程記事が、さらに、それに続けて「南至邪馬壹國女王之所都水行十日陸行一月」という耶馬臺国への日程記事が記載されていることから、大方はそれらの記事を一連として続けて読む「順次式」で解釈してきました。

ところで、『魏志倭人伝』には「從郡至倭循海岸水行歴韓國乍南乍東到其北岸狗邪韓國七千餘里」とあり、魏の使節団の旅程の起点は「郡」つまりは「帯方郡」であることが明らかです。

これについて、『魏略』には「從帯方至倭循海岸水行歴韓國到牸耶（耶）韃（韓）国七十（千）餘里」「自帯方至女國萬二千餘里」とあり、旅程の起点は「帯方（郡）」であることが記されており、また、『魏志』には「從帯方至倭循海岸水行歴韓國從乍南乍東到其北岸拘耶韓國七千餘里」「自帯方至女國萬二千餘里」とあり、さらには、『梁書』にも「帯方至倭循海水行歴韓國乍東乍南七千餘里」「倭者自云太白之後俗皆文身去帯方萬二千餘里大抵在會稽之東」とあり、「帯方」「去帯方」とあり、旅程の起点は「帯方郡」であることが記されています。

このように、いずれの文献も表現が同一かつ、旅程の起点も「帯方郡」で同一です。

さらに、『魏志倭人伝』には①「自郡至女王國萬二千餘里」とあることから、帯方郡から耶馬臺国までの距離は「萬二千餘里」であることがわかります。

これについて、『魏略』には㋐「自帶方至女國萬二千餘里」とあり、旅程距離は「萬二千餘里」と記され、また、『魏志』にはⓐ「自帶方至女國萬二千餘里」、旅程距離は「萬二千餘里」と。『梁書』にはⒶ「倭者自云太白之後俗皆文身去帶方萬二千餘里大抵在會稽之東」とあり、旅程距離は「萬二千餘里」と記されていて、いずれの文献も帯方郡から耶馬臺国までの距離は「萬二千里」と同一であることはすでに再々述べているとおりです（巻末資料参照）。

一方、『魏志倭人伝』には帯方郡を起点とした魏の使節団の不彌国までの里程旅程の合計は「一一四〇〇里」になります。これらの各里程記事は、『魏志』も同様に合計は「一一四〇〇里」です。

このように、『魏志倭人伝』と、『魏略』、『魏志』、『梁書』の各里程旅程の表現は、いずれの文献においてもほぼ同一で、『魏志倭人伝』に記載されているこれらの各水行と渡海と方の里程は、当時の中国の共通認識であったことが分かります。つまり、帯方郡から不彌国までの旅程の総合計は「一一四〇〇里」で、同時に不彌国から耶馬臺国までの残里程は「六〇〇里」となります。

よって、帯方郡から耶馬臺国までの一二〇〇〇里のうちの帯方郡から不彌国までの一一四〇〇里の割合は全里程の九五％であり、逆に不彌国から耶馬臺国までの残里程六〇〇里の割合は五％にすぎないことになります。

しかし、『魏志倭人伝』の帯方郡から耶馬臺国への旅程を「順次式」（帯方郡から不彌国までの里程旅程と、それに続けて記載される投馬国に至る日程旅程と、さらに続けて記載される耶馬臺国に至る日程旅程のこれら三つの旅程を一連の旅程として解読する方式）の旅程として解釈すれば、当然、不彌国から耶馬臺国までの残里数六〇〇里の旅程を（不彌国までの里程旅程に続けて記載されている）投馬国に至る日程旅程の「水行二十日」と、（さらにそれに続けて記載されている）耶馬臺国に至る日程旅程の「水行十日陸行一月」の、これら二つの日程旅程で進んだと解釈すると矛盾が生じ、全旅程の五％の旅程が、水行二〇日＋水行一〇日＋陸行三〇日（一月を三〇日と換算）での旅程、つまり合計六〇日の旅程であると「みなす」ことになります。

したがって、「順次式」で「みなし計算」をすれば、帯方郡から耶馬臺国までの全旅程は不彌国から耶馬臺国への残里程の二〇倍であることから、六〇日×二〇倍＝一二〇〇日の旅程であり、三年三ヶ月以上もかかったことになってしまいます。

結局一連の連続した旅程として解釈する「順次式」の解釈は、現実に即さない、理にかなわないものになります。

私は、『魏志倭人伝』の一連の連続した旅程として「順次式」で解釈するのは誤りであり、それぞれが別次元の独立した旅程記事として解釈すべきであると考えます。

二　元本の「又」は「従帯方」を表現

（一）同一内容なのに元本の冒頭部分には「又」がある

『魏志倭人伝』には、帯方郡から耶馬臺国に至る里程旅程記事、帯方郡から不彌国に至る里程旅程記事に続けて「南至投馬國水行二十日」という投（殺）馬国に至る日程旅程記事が記されています。さらに続けて、「南至邪馬壹國女王之所都水行十日陸行一月」という耶馬臺国に至る日程旅程記事が記されています。

『魏略』には、二つの日程旅程記事の記載はありません。

ところが『魏志』には、「又南水行二十日至於投馬國戸五萬」、「又南水行十日陸行一月至耶馬臺國戸七萬女王之所都」という日程旅程記事の記載があります。

同様に『梁書』には、「又南水行二十日至投馬國」、「又南水行十日陸行一月日至祁馬臺國」という日程旅程記事の記載があります。

帯方郡から耶馬臺国までの里程旅程と日程旅程の解釈

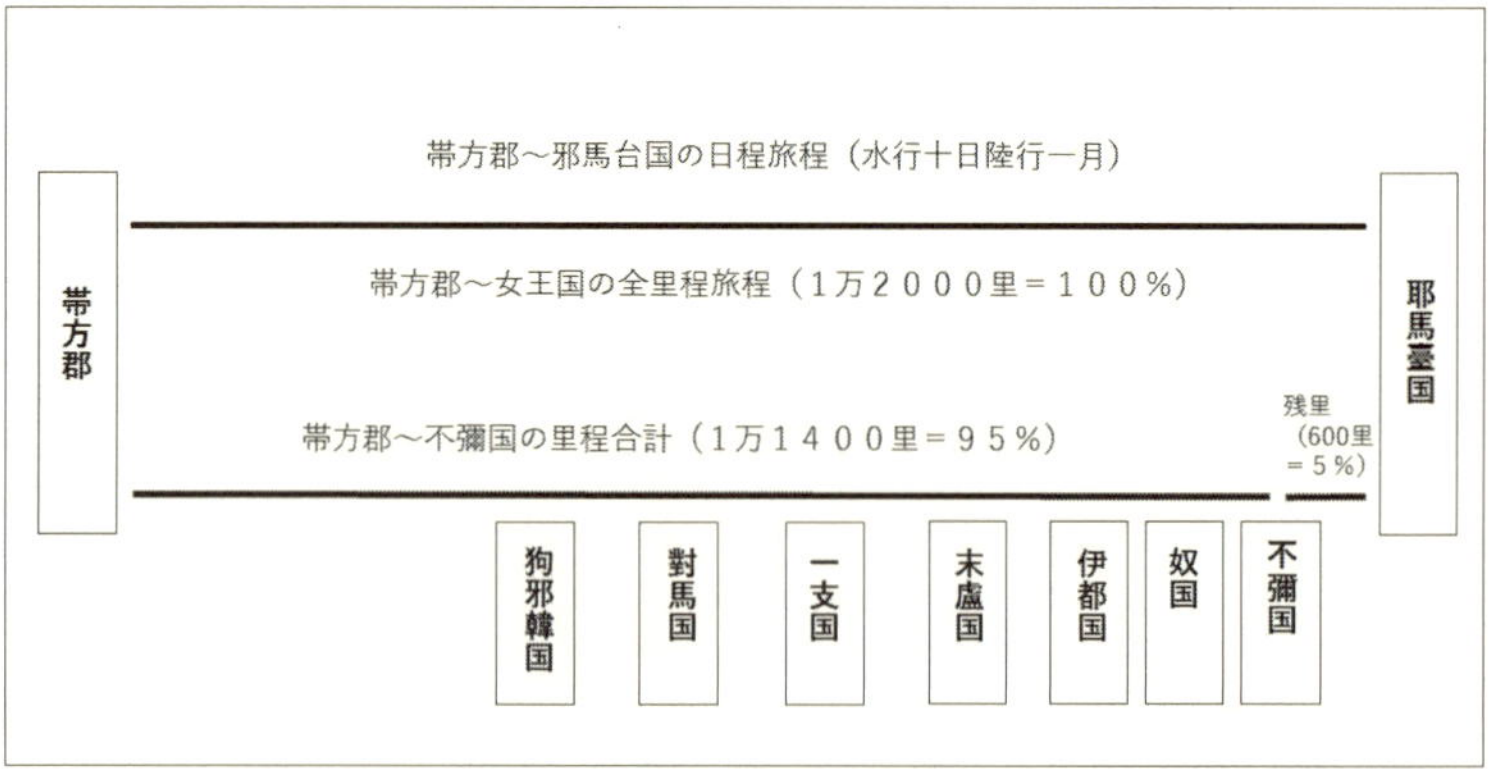

ところで、各文献の日程旅程記事を比較検討すると、各文献ともに同一内容の表現をしているにもかかわらず、『魏志』と『梁書』の投馬国への日程旅程と耶馬臺国への日程旅程の各冒頭部分に付加されている「又」の一字が、『魏志倭人伝』の各日程旅程記事の冒頭には記されていません。

削除された「又」の字は、何を表現していたのでしょうか。どちらの文献においても、ここで旅程記事部分に表現されているのは帯方郡から耶馬臺国に向けての各国間の里程旅程記事と、投馬国に至る日程旅程記事と、耶馬臺国に至る日程旅程記事です。このことから、この「又」の字が表現しているものは、各旅程の出発地点だと思われます。

ここで、各旅程記事の冒頭に「又」の字が記載されていることから見れば、『魏志倭人伝』の本文が漢文の棒書きではあるものの、これらの三つの旅程記事が、それぞれ別の独立した旅程記事であることが考えられます。

ならば、そこに「又」の一文字が表現しているのは、各旅程の起点、つまりは出発地点が同一であることを表現しており、里程旅程記事の旅程の起点である出発地点の表現の「従帯方」であると考えるのが最も合理的です。

このことは、仮に『魏志倭人伝』の日程旅程記事を、『魏略』や『梁書』の記述をもとに推考すれば、「従帯方南至投馬國水行二十日」は「帯方郡から南へ水行二十日で投馬国（殺馬国の誤り）に至る」と記載されていることになり、「従帯方南至邪馬壹國女王之所都水行十日陸行一月」となり、「帯方郡より南へ水行十日陸行一月（三十日）で女王の都とするところの耶馬臺国に至る」と解釈できることになります。

陳寿は、帯方郡から耶馬臺国に至る全里程旅程を表現し、次いで帯方郡から不彌国までの里程旅程の合計を表現し、倭国である九州の南端の殺馬国に至る日程旅程を記し、そして最後に耶馬臺国に至る日程旅程を記していると考えられます。

このように、『魏志倭人伝』の旅程記事は、撰述のもとになった『魏志』あるいは『梁書』に記載されていて、『魏志倭人伝』には削除されて記載されていない「又」の示す意味を付加することによって、はじめてその意味が理解できます。

つまり、『魏志倭人伝』に記された各旅程は、それぞれが別の独立した旅程記事であり、それを比較することにより、倭国が九州であること、耶馬臺国が九州内にあること、不彌国から耶馬臺国までの残里数が六〇〇里であって、不彌国と耶馬臺国は隣接していることを黙示のうちに表現しているといえそうです。

ところで、陳寿はなぜ、『魏志倭人伝』の投馬国と耶馬臺国への日程旅程の撰述に際して、「南至投馬國水行二十日」、「南至邪馬壹國女王之所都水行十日陸行一月」というように、『魏志』の各旅程の冒頭部分に記されていた「又」の字を省いて表現したのでしょうか。

そして、唐の時代の姚思廉が『梁書』を製作する時、あえて「又」の字を加えた表現に戻したのでしょうか。その意図は何なのでしょうか。

それは、『梁書』の「又南水行二十日至投馬國」と「又南水行十日陸行一月日至祁馬臺國」の記述は、『魏志倭人伝』よりもむしろ『魏志』の「又南水行二十日至於投馬國戸五萬」と「又南水行十日陸行一月至耶馬臺國戸七萬女王之所都」をもとに撰述された、つまり、『梁書』は『魏志倭人伝』をもとにしたというよりも、むしろ『魏志』をもとに撰述されたと考えるのが合理的ではないかと思われます。

(二) 陳寿は正確な記録を残そうとした

陳寿は、皇帝の座右に備え置くための正史として『三国志』を撰述したわけではありません。よって、何ら無駄な改ざんをしてまでも事実と異なる誤った記録を残す必要はなく、当時すでにあった複数の記録を収集し、それらの中から事実に即したものだけを取捨選択して、できるだけ正確に、かつ端的に、より完成された記録にしようと撰述したと思われます。

『北堂書鈔』巻一〇四の王隠の『晋書』には、「河南尹華澹に詔を下して、洛陽令張泓に命じ、官吏を派遣して紙と筆を持参のうえで、寿の家に出向き『三国志』を写し取らせた」とあります。

また、『晋書陳寿伝』には、

「梁州大中正、尚書郎范頵等上表曰、「昔、前漢武帝詔曰、『司馬相如病甚、可遣悉取其書』。使者得其遺書、言封禅。天子異焉。臣等案、故治書侍御史陳壽作三国志、辭多勸誡、明乎得失、有益風化。雖文艶不若相如、詩而質直過之願垂採録」。於是詔下河南伊、洛陽令、就家寫其書。壽又撰古國志五十篇、益都耆旧伝十篇、餘文章傳於世。」

「梁州大中正・尚書郎の范頵らが上表していった。『昔、前漢の武帝は詔《みことのり》を下して、『司馬相如の病は大変重いようであるから、〔相如が死ぬ前に、その自宅にある〕作品をすべて収得するように』と命じました。使者が彼の遺《のこ》した書物を入手して〔親覧に供したところ〕、〔そこには〕封禅について述べられていました。そこで天子はその文を不思議に思われたということです。臣ら〔私ども〕が考えますに、もとの治書侍御史陳寿は『三国志』を著《あら》わしましたが、その文辞には善を勧《すす》め悪を誡《いまし》めた部分が多く、〔物事の〕得失《とくしつ》に明らかであるので、〔陛下が民衆を〕教化する上で有益な書物でございます。文体が華麗な点では相如に及ばないものの、質朴実直な点では彼に勝っております。なにとぞ採録《さいろく》することをお命じくださいますよう』と。そこで詔を発して河南《かなん》伊《い》と洛陽令《らくようれい》に下し、〔寿の〕自宅に出向いてその著書を筆写させた。寿はまた別に『古国志』五〇編、『益部耆旧伝』一〇編を撰述し、その他の文章も後世に伝わっている」

と記されています。

ここに、范頵らが「文体が華麗な点では相如に及ばないものの、質朴実直な点では彼に勝っております。なにとぞ採録《さいろく》することをお命じくださいますよう」と記して上表したことからみても、陳寿が真実を正確に伝えようとしていたことが伺われます。

また、陳寿の撰述の姿勢を見ると、常に数冊の文献や資料をもとに、その中から文辞を取捨選択しながら撰述を繰り返したことが伺われます。

この陳寿の姿勢からは、事実を正確に記録することを念頭に推し進められていて、『魏志倭人伝』の記述内容は事実に即しているものと推測できます。

したがって、その記述内容の解釈と事実の相違は、誤差の範疇や意味のあるものの場合は別にして、そうでない場合は、陳寿の内容を改ざんや虚偽の記述ではなく、むしろ私達の解読方法に問題があると考えるべきだと思います。

『魏志倭人伝』の解読解釈において、通説や固定観念に縛られることは、むしろ誤った解釈の素であり、いくつものフィルターを通して、それらを通して浮き上がって来た内容にこそ、合理性があるといえると思います。

三　不彌国以降の日程旅程は『魏略』にはない

（一）不彌国以降の二つの日程記事は『魏略』にはない記事

『魏志倭人伝』には、帯方郡から不彌国に至る里程旅程記事に続けて、「南至投馬國水行二十日」という投（殺）馬国に至る日程旅程と、「南至邪馬壹國女王之所都水行十日陸行一月」という耶馬臺国に至る日程旅程の、二つの日程旅程記事が記されていますが、撰述のもとになった『魏志』には「又南水行二十日至於投馬國戸五萬」と記載されていた。また耶馬臺国に至る日程旅程に関する記事としては、『魏志』には「又南水行二十日至於投馬國戸五萬」と記載されていますが『魏略』には、二つの日程旅程に関する記事は記されていません。

（二）どの文献でも一二〇〇〇里で同一表現

繰り返しになりますが『魏志倭人伝』には「自郡至女王國萬二千餘里」と記されて、「自郡」つまり帯方郡から女王国までの全里程が一二〇〇〇里と記されていることについて、『後漢書』倭伝には「楽浪郡徼去其國萬二千里」、『隋書』俀國伝には「楽浪郡境及帯方郡並一萬二千里」、『魏略』には「自帯方至女（王）國萬二千餘里」、『魏志』には「自帯方至女（王）國萬二千餘里」、『梁書』には「去帯方萬二千餘里」とあり、いずれの文献でも同内容の記述です。つまりは女王国への旅程の起点は「帯方郡」であり、その里程旅程は一二〇〇〇里であるということです。

(三) 伊都国以降の旅程は『魏略』には記載されていない

『魏志倭人伝』に記された里程記事のうち、「帯方郡から伊都国に至る里程旅程記事」は『魏略』と『魏志』のどちらにも記されていますがそれに続く「奴国に至る里程旅程記事」と「不彌国に至る里程旅程記事」の二つの里程旅程記事は、『魏志』にはありますが『魏略』にはありません。

ところが、『魏志倭人伝』に記された「自郡至女王國萬二千餘里」という「帯方郡から女王国に至る里程記事」は、『魏略』には「自帯方至女（王）國萬二千餘里」と、『魏志』には「自帯方至女（王）國萬二千餘里」とあり、どちらにも全く同一内容が記されています。

(四) 三つの旅程は順次式の旅程ではない

このことから、「自郡至女王國萬二千餘里」という帯方郡から耶馬臺国までの里程の萬二千餘里つまり一二〇〇〇里は、帯方郡から不彌国に至る里程旅程の後に続けて記載されている投（殺）馬国に至る日程旅程記事と、さらに続けて記載されている耶馬臺国に至る日程旅程記事は、これらの「二つの日程旅程記事の記載の有無にかかわらず同一」です。

このことからみれば、帯方郡から不彌国に至る里程旅程記事と、それに続けて記載された投馬国に至る日程旅程記事と、さらにそれに続けて記載された耶馬臺国に至る日程旅程記事の、三つの旅程記事は、一連の連続した「順次式」の記載ではなく、「それぞれが帯方郡を起点とした独立した旅程記事」であり、帯方郡から不彌国への里程旅程記事とは無関係の記事といえます。

したがって三つの旅程記事を、連続した一連の旅程記事として読み解く「順次式」の解釈は誤りです。陳寿は、このことを表現するために、あえて二つの日程旅程記事の各冒頭部分の「又」の字を意図的に省いたのではないでしょうか。

四　順次式は「ためにする説」

これまで、これらの帯方郡から不彌国までの一連の里程記事に、投（殺）馬国への日程旅程記事と、耶馬臺国への日程旅程記事の二つの日程旅程記事を続けて、一連の旅程として解釈する「順次式」の解釈が一般的と考えられて、さも通説であるかのように思われてきました。特に「畿内説」においては、ほとんどがこの解釈に基づいているようです。しかしそれは、耶馬臺国の所在地を北部九州以外の地に求めるため、あるいは、耶馬臺国を畿内に導くための理論ではないのかと思われて仕方ありません。

江戸時代からこれまでに、たくさんの考古学者や耶馬臺国研究者が、『魏志倭人伝』の旅程の解釈に取り組んできました。その誰もが『魏志倭人伝』の里程や旅程の問題に、あるいはそれらの矛盾に気付かなかったはずはありません。きっと、何人もの学者や研究者がそれらの矛盾に気付いたはずです。ならば、なぜこの問題が解決されなかったのでしょうか。それには、たとえ気付いてもいえない、発表出来ない、何らかの理由があったのかもしれません。

しかし現在は、誰もが自由に自らの考えを発表できる時代です。むしろ、いろんな考えがあって、それらを精査することで、真実にたどり着くことができるのです。そのことから考えれば、もっと自由な発言ができるようになることが必要なのかもしれません。

真実は、どのように時代が変わっても変わらないものです。もちろん、事実を捻じ曲げるようなことがあってはいけないし、また、決して理論が間違った方向でまとめられてはいけない。しかし、いかに事実を捻じ曲げるようなことがあったとしても、真実は、やがていつかは明らかになるものです。また、時代の変遷と研究の成果として、やがては、自然に真実に到達してまとまるものであると信じています。

五　畿内説は現実に即していない

(一)　畿内と九州は、文化圏や埋葬・祭祀様式は同一でない

『魏志倭人伝』時代の近畿地方と九州地方では、埋葬形式や祭祀様式などに大きな違いがあります。民族の違いもさることながら、文化の違いは国家間の友好状態に障害となります。

奈良時代でも畿内から九州への旅は陸路で三ヶ月ほど、瀬戸内海の水行でも一ヶ月弱であったと思われます。まして二〜三世紀の弥生後期ならば、途方もない日数の極めて危険な旅であったと思われます。しかも三世紀の日本では、一般的には文字もなく言語も未統一で、九州内であっても狗奴国以南と北部九州、あるいは遠賀川以西と以東では埋葬形式（甕棺と石棺墓）や祭祀様式（銅矛と銅鐸）が異なり、まして畿内と九州の違いは九州内の違いよりさらに大きかったはずで、畿内と九州の国家間の友好状態にはかなりの障害があっただろうと推測します。

（二）伊都国で検閲の後に瀬戸内海航路での運搬がありえるか

『魏志倭人伝』には、「女王國以北特置一大率檢察諸國」とあり、耶馬臺国の女王卑弥呼は伊都国で耶馬臺国の貿易を検閲したことが記載されています。しかし、耶馬臺国を畿内と想定して、三世紀の畿内の女王国が瀬戸内海航路でも多大な日数を要し、しかも言語も文化も異なる九州の伊都国に一大率を置いて、そこで交易のすべてを管理監督させることなどが可能であったでしょうか。

また、耶馬臺国が畿内に存在したとして、北部九州の伊都国で検閲したものを、一旦、不彌国までを陸上輸送して、その後、再度海上輸送に変更して、関門海峡を経由して瀬戸内海航路で畿内まで輸送するとなれば、畿内到達の時点では、その内のかなりの部分が亡失し、伊都国に一大率を置くこと自体が無意味になります。まして、陸行輸送は日数的にも困難であって、異なる言語圏や文化圏の中を、しかもその経由地のすべてが友好国ともいえないわけで、これらの国家間を通過して無事に交易物を九州から畿内まで輸送できるとはとても思えません。

当時は、朝鮮半島から畿内に交易物を運ぶとすれば、むしろ、日本海航路の方が安全な航海であって、対馬国、一大国、末盧国を渡海した後に、末盧国から不彌国までを陸行したことと完全に矛盾しています。そこのことからも、耶馬臺国が畿内でないと思わざるを得ません。

六　日程が後の旅程はありえない

(一)　どの文献でも里程旅程の起点は帯方郡

以下は少し繰り返しになりますが、『魏志倭人伝』の本文は漢文の棒書きで、固有名詞部分は読みに漢字を当てはめた「借字」を用いて記述されています。

『魏志倭人伝』には、帯方郡から耶馬臺国までの里程旅程記事を表現した、「自郡至女王國萬二千餘里」という里程旅程記事、これとは別に、帯方郡から不彌国までの各国間の里程旅程を表現した一連の里程旅程記事の記載があります。

これらの各里程記事については、『魏志』、『梁書』倭伝に『魏略』にも記載があります。

このように、いずれの文献においても、また、①の帯方郡から耶馬臺国に至る里程旅程記事との帯方郡から不彌国に至る一連の里程旅程の記事にも、旅程の起点は「郡」とあり、「帯方郡」であることがわかります（巻末資料参照）。

(二)　投馬国と耶馬臺国への旅程は、陳寿が書き加えた記述

『魏志倭人伝』の投（殺）馬国に至る日程旅程と耶馬臺国に至る日程旅程の二つの日程旅程記事について、『魏志』には、

「又南水行二十日至於投馬國戸五萬」

「又南水行十日陸行一月至耶馬臺國戸七萬女王之所都」

と記されています。

また、『梁書』には、

「又南水行二十日至投馬國」

「又南水行十日陸行一月日至祁馬臺國」

と記されています。

このように、『魏志』と『梁書』には、『魏志倭人伝』の二つの日程旅程記事と同一内容の記事が記載されています。しかし、二つの日程旅程記事は、陳寿の『魏志倭人伝』のもとになった『魏略』には、それらの日程旅程記事の記載自体がありません。

これは、二つの日程旅程記事は、陳寿が『魏志倭人伝』の旅程部分を撰述するに際して、『魏略』にはなかった日程旅程記事を、『魏志』をもとにして、「あえて加筆した旅程記事」である。

なお、『魏志倭人伝』の二つの日程旅程記事では、『魏志』と『梁書』の同一内容の記事の冒頭部分にあった「又」の一字が削除されているのはすでに述べたとおりです。

（三）すべての旅程の起点が帯方郡だった

そもそも、『魏志倭人伝』の里程記事と日程記事は、独立した別々の記事であると考えるのが合理的です。このことから見れば、陳寿が『魏志倭人伝』に加筆した、「南至邪馬壹國女王之所都水行十日陸行一月」という耶馬臺国への日程旅程記事も、その旅程の起点は、前述二つの里程旅程記事の起点と同じく「帯方郡」、そしてまた、「南至投馬國水行二十日」という投（殺）馬国への里程記事の起点も、同じく「帯方郡」といえます。

また、それぞれの旅程記事は、独立した別方式の旅程記事ですが、このようにそれぞれが「帯方郡」をその旅程の起点としており、旅程は、「帯方郡起点の放射式」と考えるのが、最も合理的（但し、それぞれの各旅程記事の一部は重複している）と考えます。

（四）帯方郡起点の放射式の解釈について

日程旅程記事を記すには、一日あたりの移動距離、もしくは移動時間と時速、あるいは、出発点や到達点の地名等の最低限のデータ情報がなければ、目的地に正確に到達するのは困難です。

したがって、仮に里程と日程の混同した旅程記事を「順次式」で記すときに、里程記事を先に記して、その後に日程記事を記す順番で旅程記事を書けば、目的地の場所が判断できず、目的地に到達できなくなります。ですから、里程記事から日程記事の順で旅程記事を記すことは現実に即していません。

結局、その場合、里程旅程記事と日程旅程記事は、独立した別々の記事であり、「帯方郡を起点とする放射式」で解釈するのが最も自然で合理的です。

七　順次説の破たんは水行旅程から

（一）『魏志倭人伝』の旅程解釈について

『魏志倭人伝』の旅程解釈には諸説あり、その比定地は全国各地に及び、国外に及ぶものさえあります。しかし、それらの比定地を大まかにまとめると、近畿説と九州説の二つに大別されます。九州説の特徴は北部九州を中心に九州各地に及ぶことですが、近畿説では、そのほとんどが畿内に集中しています。

『魏志倭人伝』の本文は漢文の棒書きで書かれ、国名や人名等の固有名詞部分は、読みに漢字を当てはめた「借字」で表現されていることが、大方が『魏志倭人伝』の旅程記事を「順次説」で解釈する要因の一つになっています。

ところで、『魏志倭人伝』の旅程解釈に、二つの日程旅程記事を、帯方郡から不彌国までの一連の里程旅程記事に続けて、連続した一連の順次式で解釈するという、順次説の解釈法が多数採用されています。特に畿内説においては、この解釈がその根拠の一つとされています。

しかし、『魏志倭人伝』の旅程記事の解釈の順次説は無理があります。それについて以下、前述と多少繰り返しになりますが、検証していきたいと思います。

(一) 帯方郡から耶馬臺国までは一二〇〇〇里の旅程

ところで、『魏志倭人伝』には、魏の使節の耶馬臺国への旅程について、「従郡至倭循海岸水行歴韓國乍南乍東到其北岸狗邪韓國七千餘里」とあり、その起点は「帯方郡」であると記載されていることはすでに述べていますし、いずれの文献でも旅程の起点は「帯方郡」です。

また『魏志倭人伝』には、帯方郡から耶馬臺国までの里程旅程について、その距離は「萬二千餘里」であると記載されていて、いずれの文献でも、帯方郡から耶馬臺国までの里程距離は「萬二千餘里」です。

つまり、いずれの文献も、魏の使節の耶馬臺国への旅程の起点は、「帯方郡」であり、帯方郡から耶馬臺国までの旅程距離は一二〇〇〇里であることはすでに明らかです。

(二) 不彌国から耶馬臺国までの「真の残里数」は六〇〇里

次に、『魏志倭人伝』の帯方郡から不彌国までの里程旅程記事です。水行と渡海の里程旅程の記事で構成されていますが、その水行と渡海の里程旅程距離の合計は一〇〇〇〇里で、陸行里程距離の合計は七〇〇里です。

加えて「方可四百餘里」という対馬国の島の広さの表現と、「方可三百里」という一支国の島の広さの表現の、二つの「方」の表現の記載があり、この二つの方は合計は七〇〇里です。

これらの二つの島の広さの方の里程距離と、陸行の里程距離を合計すると、七〇〇〇里＋一〇〇〇里＋四〇〇里＋一〇〇〇里＋三〇〇里＋一〇〇〇里＋五〇〇里＋一〇〇里＋一〇〇里で合計は一一四〇〇里になります。

その事実を基に、帯方郡から耶馬臺国までの全旅程の一二〇〇〇里から、帯方郡から不彌国までの里程旅程と二つの島の広さの方の里程の合計である一一四〇〇里を差し引けば、不彌国から耶馬臺国までの残旅程は六〇〇里であることが導き出されます。これが、陳寿の『魏志倭人伝』の不彌国から耶馬臺国までの「真の残里数」です。

（四）　六〇〇里の里程に六〇日もかける旅程はありえない

『魏志倭人伝』の三つの旅程を一連の連続した旅程として「順次式」で解釈すると、不彌国から耶馬臺国までの真の残里数の六〇〇里の旅程が、「水行二十日」という投（殺）馬国への日程旅程と、「水行十日陸行一月」という耶馬臺国への日程旅程の、二つの日程旅程であることになります。

つまりは、帯方郡から耶馬臺国までの間の一二〇〇〇里の全旅程のうち、わずか五％である不彌国から耶馬臺国までの真の残里数の六〇〇里の旅程が、水行二〇日＋水行一〇日＋陸行三〇日の合計「六〇日」の旅程であることになってしまいます。

(五) 順次式の解釈は現実に即していない

さて、仮に『魏志倭人伝』の旅程を順次式として解釈して、二つの日程旅程記事を、帯方郡から不彌国までの一連の里数旅程に続けて一連の連続した旅程としますと、真の残里数の六〇〇里を、「水行二十日」「水行十日陸行一月」(一月を三〇日として換算)の旅程の、これらの合計六〇日の旅程で移動したと「みなす」解釈になります。しかし計算してみますと、不彌国から耶馬臺国までの六〇〇里の真の残里程は、帯方郡から耶馬臺国までの全旅程一二〇〇〇里の内の五%ですから、全旅程の一二〇〇〇里は、残里程である六〇〇里の二〇倍ですから、帯方郡から耶馬臺国までの旅程の「みなし計算」での日数は、六〇日×二〇倍＝一二〇〇日であることになり、つまりは、三年三ヶ月以上の日数の旅程となることはすでに述べているとおりです。

これを別の表現で示すと、不彌国に到着した魏の使節は、全旅程の九五%の里程を帯方郡を出発してから一一四〇日、つまり、三年と一ヶ月半を経過していることになります。

(六) 一日当たり二〇里のみなし水行旅程はありえない

しかし、一日当たりの水行里程の「日里換算」を導くために、「みなし水行旅程」(仮に、「水行」と「陸行」のそれぞれの速度に違いがないものとみなして、そのうえで陸行旅程をなきもの「0」とし、反対に不彌国から耶馬臺国までの残里数である六〇〇里のすべてを水行・渡海旅程によって移動したものとみなして計算する）にて計算すれば、不彌国から耶馬臺国までの残里程の「六〇〇里」を、投（殺）馬国までの水行旅程の「水行二〇日」と耶馬臺国までの水行旅程の「一〇日」を合わせた水行日程の「三〇日」で割って換算することになり、「一日当たりのみなし水行旅程距離」は「二〇里」です。

さて、『魏志倭人伝』には、帯方郡から狗邪韓国までの水行里程は七〇〇〇里で、また、狗邪韓国から対馬国、対馬国から一支国、一支国から末盧国までの間の各渡海里程は、各一〇〇〇里と記載されていて、これらの間の水行と渡海の距離を、「一日当たりのみなし水行旅程距離」の「二〇里」で割って換算しますと、帯方郡から狗邪韓国までの七〇〇〇里のみなし水行日数は三五〇日、また、狗邪韓国から対馬国、対馬国から一支国、一支国から末盧国までの各国間の渡海距離は各千餘里を「一日当たりのみなし水行旅程距離」の「二〇里」で割れば、各「五〇日」の旅程であることになってしまいます。

つまり、帯方郡から末盧国までの間の旅程の合計の一〇〇〇〇里の旅程は、三五〇日（帯方郡から狗邪韓国）＋五〇日（狗邪韓国から対馬国）＋五〇日（対馬国から一支国）＋五〇日（一支国から末盧国）の合計五〇〇日の日数で、一年四ヶ月以上という膨大な日数の航海の記事になってしまいます。

（七）　順次式の解釈はありえない

ところが、実際には、朝鮮半島中北部の帯方郡から末盧国である佐賀県唐津付近までの水行渡海の旅程に、二年八ヶ月もかかるはずはありません。結局、この計算式には合理性が無く、現実に即さず、順次説の否定につながってきます。

弥生時代の丸木舟をモデルにした実験航海での移動時間は、それぞれ各「一日」でした。また、関野吉晴氏は、ベーリング海峡の約一二〇㎞の海峡をシーカヤックを用いて約二四時間程度で渡海しています。実際には丸木舟の手漕ぎでも一日で航海できる距離を、五〇日もの日数をかけて移動することの方が不可能な作業です。

これらのことから、『魏志倭人伝』の帯方郡から耶馬臺国までの旅程の解釈において、「順次説」で解釈するのは、実際の航海や理論上からも到底不可能であり、ありえないものであることは明らかです。

『魏志倭人伝』の、それぞれの各国間の正味の渡海旅程は、各一日の日程での航海であり、『魏志倭人伝』の「一日の航海の日里換算は一〇〇〇里」です。

よって、『魏志倭人伝』の「帯方郡から不彌国までの一連の里程記事」と、「投（殺）馬国に至る日程記事」と「耶馬臺国に至る日程記事」の、三つの旅程記事は、それぞれが別次元の記事であって、これらを一連の旅程として続けて解釈する「順次式」の解釈は誤りと思います。

ところで、この「一日当たりのみなし水行旅程」は、陸行旅程を「0」とみなして計算したものですが、仮に、この陸行を「0」とみなさない場合には、「一日当たりのみなし水行旅程」はなおさら短いものとなってしまいます。そうすれば、『魏志倭人伝』の記載は、なおさらありえません。

よって、実際には一日で航海できる距離を、五〇日もの日数をかけて移動することの方が困難で、不可能な作業です。このことからも、『魏志倭人伝』の旅程記事を「順次式」で解釈することは、理論上も、また、実際の航海でも、かえって困難な作業であり、ありえないことが明らかです。

しかも、陳寿が、『魏志倭人伝』に、あえてウソを記載する必要はありませんし、また、『魏志倭人伝』の撰述のもとになった『魏志』や『魏略』においても同様の記載もあり、記述は事実に基づく記事である蓋然性が高いことになります。

(八)　順次式の解釈は現実に即していない

そのことから、『魏志倭人伝』に記載された三つの旅程記事を続けて、一連の連続した旅程として「順次式」で解釈すれば、倭国から魏への朝貢記事も不可能となります。また、膨大な時間をかけて狗邪韓国から末盧国までの各国間を移動することもありえず、この順次式の解釈自体が誤りであるということになります。

さて、陳寿の『魏志倭人伝』には「又」の字が記載されていないのに、『魏志』や『翰苑』所引の

『広志』逸文、あるいは『梁書』では記載されているのか、ここではその解析を試みます。

『翰苑』所引の『広志』逸文、あるいは『梁書』の方が『魏志倭人伝』よりも新しいことから、『魏志倭人伝』をもとにしたのではないかと思われがちですが、実はそうではなく、これらの『太平御覧』や『翰苑』に引用された文献や『梁書』のもとにされた文献は、『魏志倭人伝』の撰述よりも古いものであった可能性が高いと思われます。

その中でそれぞれの著者が、陳寿の『魏志倭人伝』の帯方郡から不彌国に至る一連の里程旅程記事と、殺（殺）馬国に至る日程旅程記事と、耶馬臺国に至る日程旅程記事は、それぞれが別旅程記事であり、それを続けて列記されただけのことであることを、また、それぞれの旅程が、帯方郡を起点とした放射説の解釈に基づく記述であることを、すでに十分承知していたのではないかと思われます。

おそらくは、陳寿は、『魏志』と『魏略』の記述を参考に撰述するに当たり、帯方郡から伊都国までの里程記事を、双方の記録をもとに撰述し、それに続けて、『魏志』の記述をもとに『魏略』にはなかった伊都国以降の不彌国に至る里程旅程を書き、それに続けて、同じく『魏志』にはあるが『魏略』にはない「投（殺）馬国に至る日程旅程記事」を書き、さらにそれに続けて、同じく『魏志』にはあるが『魏略』にはない「耶馬臺国に至る日程旅程記事」の記事を書き加えたものでしょう。

しかも、陳寿は、伊都国から不彌国までの里程旅程記事は帯方郡から伊都国までの里程旅程記事に続く一連の里程旅程記事であること、しかし、それに続く投（殺）馬国に至る日程旅程記事と、さらにそれに続く耶馬臺国に至る日程旅程記事の、これら二つの日程旅程記事は、それぞれが帯方郡を起点とする独立した旅程記事であることを承知していたので、『魏志倭人伝』の撰述に際して、伊都国から不彌国までの里程旅程記事には、『魏志』にあった旅程の冒頭部分の「又」を記して、その旅程が前記事の旅程と一連であることを表現し、反対に、それ以降の投（殺）馬国に至る日程旅程記事と耶馬臺国に至る日程旅程記事の二つの旅程記事の冒頭部分には、あえて「又」を省くことによって、前記事の旅程と独立したものであることを表現しようとしたと思われます。このことが、かえって誤解や混乱をまねくことになったのではないかと思われます。

八　陳寿が東を南と読み替える根拠はない

（一）　陳寿が『魏志倭人伝』の東を南に改ざんしたという説

耶馬臺国畿内説の根拠の一つとして、帯方郡から不彌国までの一連の里程旅程以降の「南至投馬國水行二十日」という投（殺）馬国に至る日程旅程記事と、「南至邪馬壹國女王之所都水行十日陸行一月」という耶馬臺国に至る日程旅程記事の、二つの日程旅程記事の方位の「南」は「東」の誤りとして、「南」を「東」に置換して、「東至投馬國水行二十日」、「東至邪馬壹國女王之所都水行十日陸行一月」と読み替えて解釈する説があります。

その方位の置き換えは、『魏志倭人伝』の旅程記事のそのままの方位で旅程を記述に従って（ただし順次説で）その位置を求めれば、耶馬臺国の場所が九州のはるか南海洋上になることから、不彌国以降の（あるいは伊都国以降の）旅程記事の方位を九〇度左回転させて、南を東に置換して解釈しようとするもので、内藤湖南などにより唱えられ、畿内説論者の方々の順次式の解釈で多く採用されています。

（二）陳寿が三国時代の歴史を改ざんする必要はない

それらの説の方位置換表記の理由は、当時は三国時代で、魏・呉・蜀の三国が争っていたので、倭国やその中心の耶馬臺国の位置を正確に教えたくなかったといっていますが、この解釈は現実に即しておらず、採用すべきではありません。

なぜならば、陳寿の『三国志』成立は、三国時代の後の、西晋時代の二八五年です。三国鼎立の時代が終わってから三国の歴史を書くに際して、いくら女王国の都だからといって、東夷の傍国の中の一つである「倭国」の中の「耶馬臺国」の場所を隠すために、あえて「東」を「南」に置換して記録を改ざんする必要などないはずです。

また、『晋書』の陳寿伝に「宦人黄皓専弄威權一、大臣皆曲レ意附レ之、壽獨不二爲レ之屈一。由レ是屢被二譴黜一。」とあり、これについては『中国古代の歴史家たち—司馬遷・班固・范曄・陳寿の列伝訳注』に福井重雅氏の通訳が「宦官の黄皓は権力をもてあそび、大臣は皆意志を曲げて彼にへつらいしたがったが、寿だけはひとり屈しなかった。そのためしばしば譴責を被って〔官位を降格され〕た」と記されているように、陳寿が、そのような無駄をして記録に残すとも思えません。陳寿は、自分の知識の中で、できるだけ正確に、且つ端的に文章をまとめて記録しようとしたはずです。

このことから、陳寿の誠実さや実直さは明らかで、陳寿があえて「東」を「南」に置換して、その場所が特定できないようにと、記録を改ざんするなど、無駄な記録を残すとは思えません。

さらには、陳寿は『魏志倭人伝』を撰述するにあたり、魚豢の『魏略』や夏侯湛の『魏志』、韋昭の『呉書』等をもとに撰述したもので、『魏志倭人伝』の投（殺）馬国に至る日程旅程記事と耶馬臺国に至る日程旅程記事は、『魏略』にはその記述はありませんが、『魏志』には「又南水行二十日至於投馬国」、「又南水行十日陸行一月至耶馬臺國」と記されています。この『魏志』は古い時代のものと言われることから、夏侯湛の『魏志』ではないかと思われますが、その『魏志』と『魏志倭人伝』の各日程旅程記事の比較をすると、『魏志』の日程旅程記事の方位表現の「南」と『魏志倭人伝』の日程旅程記事の方位表現の「南」が、また、日程旅程記事の方位表現の「南」と『魏志倭人伝』の日程旅程記事の方位表現の「南」が、ともに全く同一であることからも、陳寿があえて耶馬臺国の場所をわからないようにするために東を南と置換して、記録を改ざんしたものではないことは明らかです。

(三)　残り五％で方位を改ざんするのは無意味で無駄な行為

ところで、『魏志倭人伝』には、全旅程距離が一二〇〇〇里と明記されています。

また、『魏志倭人伝』には、これとは別に、帯方郡から不彌国までの一連の里程旅程記事の記載があり、この間の水行と渡海と陸行の里程距離の合計が一〇七〇〇里です。

さらに対馬島の広さを表す「方可四百餘里」、一支国（壱岐島）の広さを表す「方可三百里」という表現があり、これら二つの「方」の合計は七〇〇里です。

このことから、水行と渡海と陸行の里程旅程距離と二つの島の広さを表す「方」の里程を合わせると、七〇〇〇里＋一〇〇〇里＋一〇〇〇里＋一〇〇〇里＋五〇〇里＋一〇〇里＋一〇〇里＋四〇〇里＋三〇〇里で、これらの合計は一一四〇〇里となります。

さて、不彌国に到達した帯方郡の使節団は、帯方郡から耶馬臺国までの全里程旅程距離一二〇〇〇里のうちの一一四〇〇里の旅程、つまりは全里程旅程距離のうちの、九五％の里程旅程を既に経過しています。そして、残りの残里数は六〇〇里であり、それは、帯方郡から耶馬臺国までの全旅程のうちの、わずか五％でしかない。

『魏志倭人伝』を撰述に際して帯方郡から耶馬臺国までの全旅程のうちの九五％の旅程の経過記事を事実に即して正確に記してきた陳寿が、はたして、五％の残里数六〇〇里の旅程だけを残したこの時点で、わざと方位の「東」を「南」と改ざんして、目的地への到達を困難にさせるなどは全く無意味で、無駄な行為でしかありません。

まして、陸行里程旅程と投（殺）馬国への日程旅程と耶馬臺国への日程旅程は、ともに、陳寿が、『魏志倭人伝』の撰述に際して、『魏略』にはなかった旅程記事を、あえて『魏志』を参考にして加筆し

「帯方郡から不彌国までの里程」と「残里程」の比率

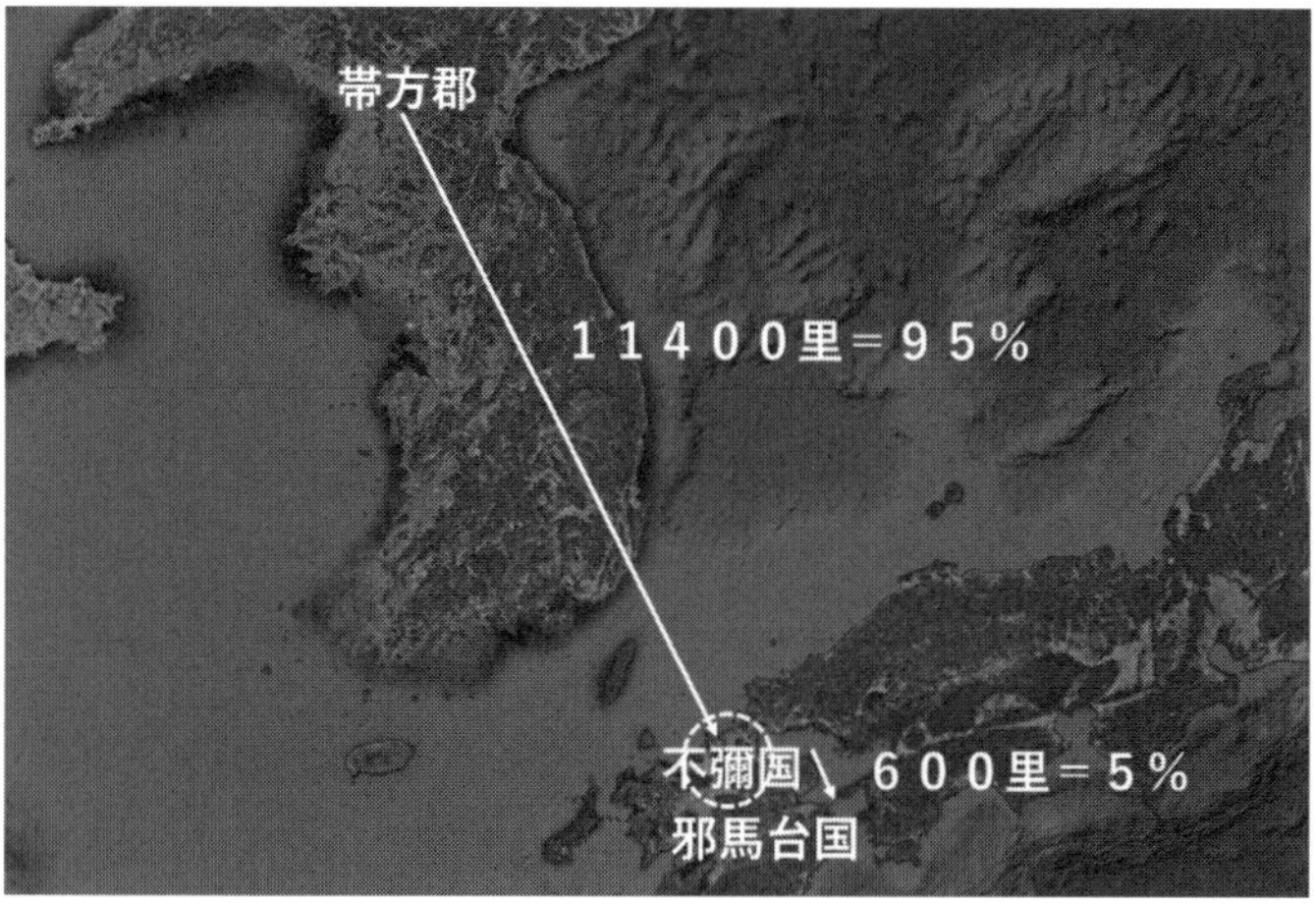

た旅程記事なのです。

このことから、畿内説の『魏志倭人伝』の帯方郡から不彌国への里程旅程記事と投（殺）馬国への日程旅程記事と耶馬臺国への日程旅程記事を順次説で解釈し、不彌国以降の方位の東を南に置き換え、あえて誤ることで目的地の場所を判別できなくしたという理論は誤りであると思います。

九　伊都国起点放射説もありえない

九州説の一解釈として、『魏志倭人伝』の耶馬臺国への旅程の起点である帯方郡から伊都国までの一連の里程旅程を「順次式」で解釈し、その後の部分は、それぞれが独立した旅程として解釈する「伊都国起点の放射式」という考え方があります。

この説は、榎一雄氏によって唱えられました。同氏は、『学芸』第三三号で、

「郡より伊都国につくまでの行程記事は、前に挙げた地名からの方位・距離を示して、次に到着する地名を掲げている。しかるに伊都国から後は、方位を挙げ、地名を掲げ、そして距離を記している。これは必ず、前者が狗邪韓国から対馬・一支・末盧を経過して伊都国に至った道筋を述べているのに対し、後者は伊都国から奴国・投馬国・耶馬臺国のそれぞれに至る方位と距離とを示したもので、伊都から奴・投馬を経て耶馬臺国に到着する道筋を云ったものでないに相違ない。」

「右のごとく行程記事を読解すると、不弥国は宇弥付近、投馬国は伊都国から南水行二十日の処で、薩摩の都万或いは日向の妻（都万）で、とにかく南九州の一地である。耶馬臺国は伊都国から南の方水行十日陸行一日（一月が一日の誤りでないとすれば、水行ならば十日、陸行ならば一月の意）の地で、筑後の山門、又は肥後の山門と見て差し支えあるまい。」

と述べています。

同氏が、『魏志倭人伝』の旅程が帯方郡から不彌国に至る一連の里程旅程の後に続く投（殺）馬国に至る日程旅程と耶馬臺国に至る旅程を一連の連続した旅程として解釈する「順次式」の旅程ではなく、放射説の旅程であると見破っていること、また、不彌国を宇弥（美）と見破っていること、あるいは投（殺）馬国を薩摩と見破っていることは画期的なことです。しかし、『魏志倭人伝』の帯方郡からの旅程記事の記述内容にもとづいて検証・考察すれば、この「伊都国起点の放射説」の解釈には疑問が生じます。

帯方郡から伊都国までの里程旅程記事に続く奴国に至る里程旅程と、それに続く不彌国に至る里程旅程の二つの里程旅程記事は、それらが帯方郡から耶馬臺国に至る一連の里程旅程の一部であることからここに記したとするのが合理的です。もしそうでなく、それが伊都国起点の放射式であったり、一連の里程旅程から外れた国への里程旅程であるのならば、そもそもここに記す必要がなく、意味の通じない里程旅程記事となります。それならば陳寿は、ここに記すよりもむしろ、女王が制した二一国に加えて二三国として記したはずです。

伊都国起点の放射説が、「順次式」の解釈と同様にありえないことが、次の計算によっても裏づけられます。

『魏志倭人伝』には、帯方郡から伊都国までの里程の合計は、七〇〇〇里＋一〇〇〇里＋四〇〇里＋一〇〇〇里＋三〇〇里＋一〇〇〇里＋五〇〇里で、合計「一一二〇〇里」としています。また、『魏志倭人伝』には、帯方郡から耶馬臺国までの総里数は一二〇〇〇里であることも明記されています。よって伊都国起点の放射説の場合の伊都国から耶馬臺国までの残里数は、帯方郡から耶馬臺国までの全里程の一二〇〇〇里から帯方郡から伊都国までの里程の一一二〇〇里を差し引いた八〇〇里となります。

『魏志倭人伝』には、耶馬臺国に至る日程旅程記事として「南至邪馬壹國女王之所都水行十日陸行一月」とあることから、仮に『魏志倭人伝』の旅程を「伊都国起点の放射式」と仮定すれば、伊都国から耶馬臺国までの残日程を「水行十日陸行一月」として解釈することになります。

仮に「水行十日陸行一月」の旅程のうちの陸行旅程をなきものの「0」として、逆に伊都国から耶馬臺国までの残里数の八〇〇里すべてを水行旅程により移動したものとみなして計算すれば、伊都国から耶馬臺国までの残里程の八〇〇里を水行日程の一〇日で割って換算すれば、「一日当たりのみなし水行・渡海距離」は八〇里であることになります。

帯方郡から末盧国までの水行・渡海里程旅程は、いずれの文献においてもほぼ同様で、帯方郡から狗邪韓国までの水行距離は七〇〇〇餘里であり、また狗邪韓国から対馬国、対馬国から一支国、一支国から末盧国までの各渡海距離は各千餘里であることから、帯方郡から末盧国までの水行と渡海の距離の合計は一〇〇〇〇餘里であることになります。

これを、伊都国起点の放射式の解釈に従って算定された「一日当たりのみなし水行・渡海旅程距離」の「八〇里」で割って換算すれば、帯方郡から末盧国までの間の全ての水行と渡海の旅程の合計一〇〇〇〇里は、なんと「一二五日」、つまりは、帯方郡から末盧国に到達するまでに四ヶ月以上の日数を要するという、到底ありえない計算になってしまいます。

また、『魏志倭人伝』の記述によれば、狗邪韓国から対馬国、対馬国から一支国、一支国から末盧国の、それぞれ各渡海距離は各一〇〇〇里であり、これらを伊都国起点の放射説で算定された「一日当たりのみなし水行・渡海旅程距離」の「八〇里」で割って換算すれば、各「一二・五日」の旅程であることになります。

しかし、これらの各国間の渡海の移動時間は、「一日」の日程であることが、弥生時代の丸木舟をモデルにした実験航海等でわかっていて、「一日の航海の日里換算が千餘里」という表現であることが明らかです。

したがって、一日で航海できるだけの距離を一二・五日もの日数をかけて航海することの方が困難であり、そのことから、伊都国起点の放射説の解釈もありえないことが見えてきます。

つまり、『魏志倭人伝』の帯方郡からの旅程記事の記述内容に基づいて検証し考察すれば、この伊都国起点の放射説の解釈にも疑問が生じ、順次説の解釈同様にありえないことと考えられます。

一〇　真の旅程は帯方郡起点の放射説

陳寿が『魏志倭人伝』に記した、帯方郡から耶馬臺国への旅程記事の情報から、耶馬臺国の場所を比定するにあたり、卑弥呼が都とした耶馬臺国への旅程記事の解釈の一つとして、「自郡至女王國萬二千餘里」という帯方郡から耶馬臺国に至る里程旅程記事と、帯方郡から不彌国までの一連の里程旅程記事、「南至投馬国水行二十日」という投（殺）馬国に至る日程旅程記事、「南至邪馬壹國女王之所都水行十日陸行一月」という邪馬臺国に至る日程旅程記事の、これら四つのすべての旅程の起点を帯方郡とする放射式の解釈もあります。これを仮に「帯方郡起点放射式」と呼びます。

『魏志倭人伝』には、帯方郡から耶馬臺国に至る里程旅程記事、帯方郡から耶馬臺国に至る日程旅程記事、倭国の大きさ、（倭国から）倭種の国への里程記事、（帯方郡から）裸国・黒歯国への日程旅程記事、耶馬臺国の位置、倭国の習慣、倭国の産物、倭国内の各国の人口等の様々な内容の記事が掲載されていて、陳寿は、『魏志倭人伝』記述にあたり、それまでに存在した様々な史書や記録等を参考に経験や知識にもとづき、できるだけ端的かつ正確な撰述を試みたと思われます。

この点からも、『魏志倭人伝』の解釈は、掲載記事の様々なフィルターに極力合致する必要があります。さらに、『魏志倭人伝』の解釈にあたり、原文の文字の誤りは、その誤りの文字と草書（草書体）殺字が同一もしくは酷似する文字と置換して解釈することが必要です。また、その場合にも、他の正史や資料等の使用文字との関係から判断することが必要です。さらに、本文中の漢文部分については、できるだけ原文に従うことなど解釈は、これらに注意して行っていく必要があります。

これらの点に注意して解釈をすると、『魏志倭人伝』に記載された帯方郡から耶馬臺国への里程旅程記事、帯方郡から不彌国までの一連の里程旅程記事、帯方郡から投（殺）馬国に至る日程旅程記事、帯方郡から耶馬臺国に至る日程旅程記事、帯方郡から裸国・黒歯国への日程旅程記事の五つの旅程記事は、それぞれ、帯方郡を起点とする「放射式」の記述方式であることが明らかになりますし、これに基づき、帯方郡を起点とする放射式で採用すれば、『魏志倭人伝』の旅程記事は無理のない、さまざまなフィルターをクリアでき、矛盾もないもっとも合理的な納得の旅程記事となります。

二　耶馬臺国までは「水行十日陸行一月」の旅程であることからの証明

『魏志倭人伝』の帯方郡から末盧国までの里程旅程記事をもとに、この間の水行と渡海の距離を計算すれば、この間の里程は、合計一〇〇〇〇里です。また、『魏志倭人伝』の狗邪韓国から対馬国、対馬国から一支国、一支国から末盧国までの渡海里程旅程記事をもとに考察すれば、一日当たりのみなし水行・渡海里程旅程は一〇〇〇里です。

このことから、『魏志倭人伝』の帯方郡から末盧国までの水行・渡海里程の一〇〇〇〇里を一日当たりのみなし水行・渡海里程の一〇〇〇里で割れば、帯方郡から末盧国までの水行・渡海旅程は一〇日間の旅程であることが明らかになります。

しかし、『魏志倭人伝』やその他の史書の記述には、帯方郡から耶馬臺国までの旅程は「水行十日陸行一月」であることが明示されていますので『魏志倭人伝』の帯方郡から末盧国までの水行・渡海里程の一〇〇〇〇里が一〇日間のみなし水行・渡海旅程であり、また、帯方郡から耶馬臺国までの旅程が「水行十日陸行一月」であることからすれば、帯方郡から耶馬臺国までの旅程のうちの「水行旅程部分の十日間」の行程（旅程）は、帯方郡から末盧国までの「みなし水行・渡海旅程の十日間」の行程（旅程）ですでに消化（経過）していますので、これ以上の水行・渡海旅程は一日も存在できない計算になります。したがって、『魏志倭人伝』の里程旅程を、一連の旅程として続ける「順次式」の解釈は理論上もあり得ないものとなります。

一二　耶馬臺国までの総里数が日程旅程の有無で変化しないことからの証明

『魏志倭人伝』、ならびに『魏書』、『魏略』、あるいは『梁書』の記述から、帯方郡から耶馬臺国までの総里数が「一二〇〇〇里」であることが、当時、中国の共通認識であったことはすでに述べてきました。

ところで、『魏志倭人伝』には、帯方郡から不彌国までの間の各旅程記事の記載があり、また撰述のもとになった『魏志』にも、同内容の記事があります。しかし、『魏略』には、伊都国以後の、『魏志倭人伝』の奴国に至る里程旅程と不彌国に至る里程旅程に該当する記事だけが記載されていません。さらには『魏志倭人伝』に、不彌国へ至る里程旅程に続けて記されている投（殺）馬国へ至る日程旅程と、耶馬臺国に至る日程旅程の、二つの日程旅程も『魏略』には記載がありません。

ところで、記載がないにもかかわらず、帯方郡から耶馬臺国に至る総里数に変化がないということから見れば、『魏志倭人伝』と『魏志』の方が『魏略』よりも、むしろ帯方郡から耶馬臺国に至る里程旅程をより詳細に記したもので、『魏略』には省略した部分があるということが明らかです。また、陳寿が『魏志倭人伝』に里程旅程を列記し、また『魏志』も同様の記述であることは、『魏志倭人伝』と『魏志』の方が事実を克明に、より正確に記したものであることも表わしています。

また、『魏志倭人伝』ならびに『魏志』その他の記述から、耶馬臺国までの日程旅程が「水行十日陸行一月」であることが、当時ならびにその後の中国での共通認識であったことも分かります。

しかし、『魏略』には、二つの日程旅程記事の記載がないのに、帯方郡から耶馬臺国に至る総里数は一二〇〇〇里で変化しないということは、これら二つの日程旅程記事は帯方郡から耶馬臺国までの里程旅程記事とは関係のない別次元の旅程記事であったことを記明しています。

こうしたことから、『魏志倭人伝』の帯方郡から不彌国に至る里程旅程記事から耶馬臺国に至る里程旅程記事までを、一連の旅程とする「順次式」の解釈は理論上もありえないものとなります。

したがって、畿内説の論理も、また、ありえないものとなります。

一三　水行日里換算からの証明

『魏志倭人伝』の旅程を順次式で解釈すれば、帯方郡から不彌国に至る里程旅程と、それに続く投（殺）馬国への水行二〇日の日程旅程記事と、耶馬臺国への水行十日陸行一月の日程旅程記事を合算して計算する事になります。

前述のとおり、『魏志倭人伝』の水行は、一日当たりの水行旅程距離を「千餘里」とみなして換算する「日里換算」であり、水行日程旅程のみを合算しても、投（殺）馬国への日程旅程の水行二〇日と耶馬臺国への日程旅程の水行一〇日の合わせて三〇日の水行日程旅程が、順次式の場合帯方郡から不彌国への里程旅程以降に存在することになります。つまり距離に直せば「三万餘里」の水行日里換算旅程が存在することになります。

とすれば、順次式の計算では、帯方郡から耶馬臺国までの全里程は、帯方郡から不彌国までの里程旅程の合計の一一四〇〇里に、投（殺）馬国に至る水行日里換算旅程の二〇〇〇〇里と、耶馬臺国に至る旅程のうちの水行日里換算旅程の一〇〇〇〇里を合わせた、合計の三〇〇〇〇里の水行日里換算旅程となってしまいますし、合計すると、帯方郡起点の順次式解釈による帯方郡から耶馬臺国までの旅程距離は、一万一四〇〇里＋三〇〇〇〇里＝四一四〇〇里、つまり合計四一四〇〇里以上の旅程であることになり、総里数が「一二〇〇〇里」という中国での共通認識と矛盾することになります。

したがってここからも一連の旅程として続ける「順次式」は誤りであり、理論上もあり得ないことが明らかで、畿内説の理論も成立しないことがわかります。

第二　「距離表現」と「里程表現」は異なる

ここに「A」と「B」と「C」と「D」という四つの地点が連続して存在していて、これらの「A」から「D」までの間の旅程距離を表記する場合に、
一「A」・「B」・「C」・「D」の四つの港や停泊地がそれぞれ同一の陸続きの半島の沿岸に存在する場合
二「A」と「D」の間には大海が存在し、かつ「B」と「C」はその大海上に存在する島である場合
では、それぞれに異なった表現方法になります。

「一」の場合は、
大方は、「A」・「B」・「C」・「D」の四つの代表あるいは中心となる港や停泊地間の距離を表記します。「A」の出発地となる港や停泊地を「Ⓐ」、「B」の中心となる港や停泊地を「㋐」、「C」の中心となる港や停泊地を「㋑」、「D」の到着地となる港や停泊地を「㋒」とした場合、「Ⓐ」から「㋐」までの距離を①とし、「㋐」から「㋑」までの距離を②とし、「㋑」から「㋒」との間の距離を③とします。そして、「A」から「D」までの距離を求める場合は「①」と「②」と「③」の各航海距離の合算により算定された里程の数値がA～D間の距離であることになります。

水行旅程と渡海旅程の解釈

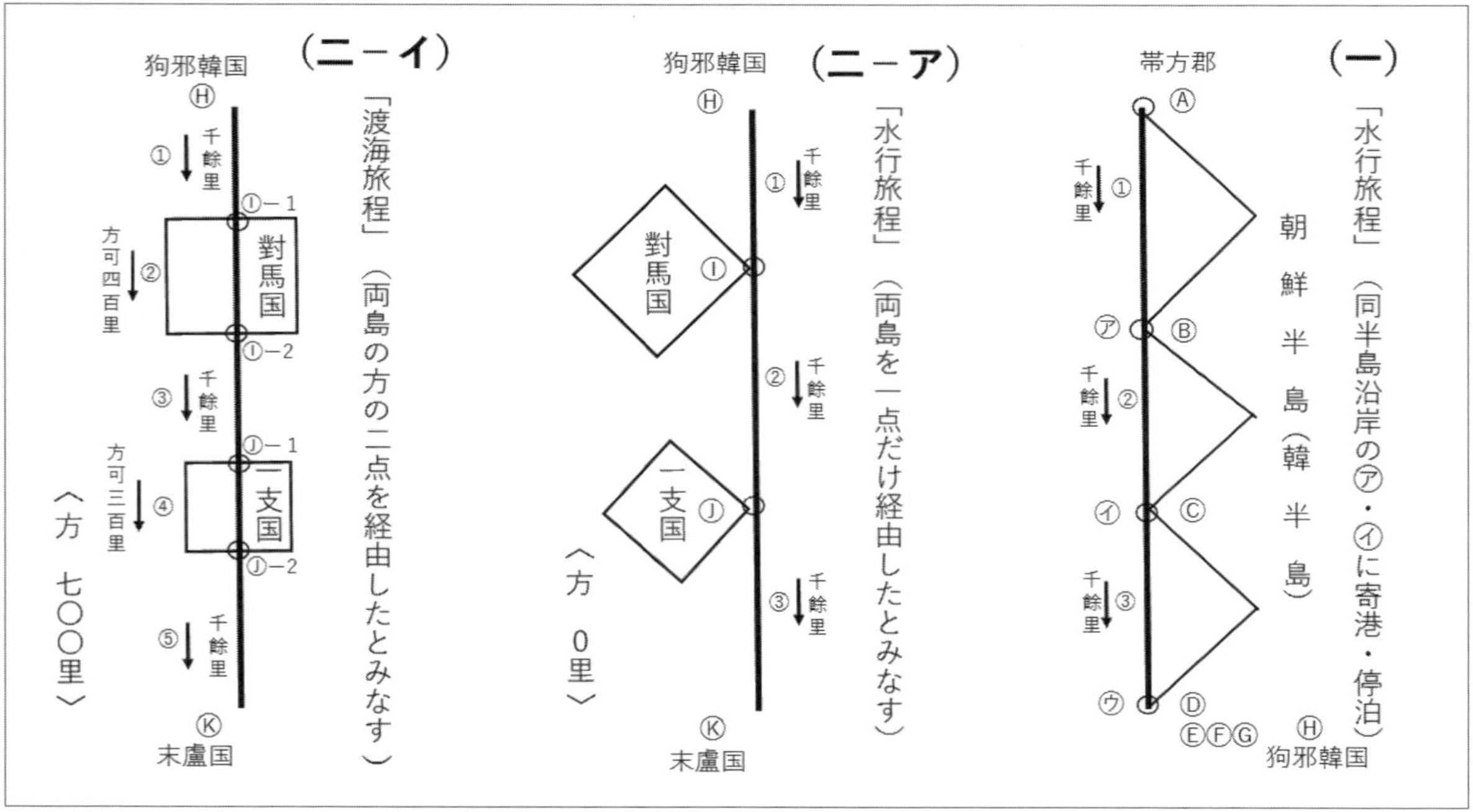

この場合の①、②、③の各距離の表現としては、「水行」という表現を使用することになります。

「二」の場合には、二つの異なった表現方法が存在します。

二―ア

「Ｈ」の南岸の港の「Ⓗ」を出発して、水行により「Ｉ」島のとある港や停泊地に到達しそこに停泊する。次にそこを出発地点として、水行により「Ｊ」島のとある港や停泊地に到達しそこに停泊する。次にそこを出発地点として、水行により「Ｋ」の北岸の港に到達する方法です。

この場合に、「Ⓘ」の停泊地は「Ｉ」島内であればどの位置でも全体の距離には関係なく、また、「Ⓙ」の停泊地は「Ｊ」島内であればどの位置でも全体の距離には関係ないことになります。但し、便宜上、ここでは仮に、「Ｉ」島のとある一地点を「Ｉ」島東岸の「Ⓘ」、「Ｊ」島のとある一地点を「Ⓙ」島東岸の「Ⓙ」とみなします。

すると、この場合の「Ｈ」から「Ｋ」までの距離を求めるには、「Ｈ」の南岸の「Ⓗ」から「Ｉ」のとある一地点の「Ⓘ」までの水行距離である①と、「Ⓘ」から「Ｊ」国のとある一地点の「Ⓙ」までの水行距離である②と、「Ⓙ」から「Ｋ」の北岸の「Ⓚ」までの水行旅程である③、これらの「①」と「②」と「③」の三つの各航海距離の合算により算定された里程の数値がＨ～Ｋ間の距離であることになります。

この場合の①、②、③の各距離の表現としては「水行」という表現を使用することになります。

ニ—イ

「H」の南岸の「Ⓗ」を出発して、渡海により「I」の北岸「Ⓘ—1」に到達し、そこから同島南岸の「Ⓘ—2」までを何らかの方法で移動したとみなします。次に「Ⓘ—2」を出発して、渡海により「J」の北岸の「Ⓙ—1」に到達し、そこから同島南岸の「Ⓙ—2」までを何らかの方法で移動したとみなします。次に「Ⓙ—2」を出発して、渡海により「K」国北岸の「Ⓚ」に到達する方法です。

ここで表現された「渡海」は、ある地点から海を隔てたある地点までの間の「海の広さ」の表現であると考えられます。

この場合の「H」から「K」までの距離を求めるには、「H」の南岸の「Ⓗ」から「I」の北岸「Ⓘ—1」までの渡海距離である①と、「I」の北岸「Ⓘ—1」から「I」島南岸の「Ⓘ—2」までの「I」の島の広さの距離である②と、「I」島南岸の「Ⓘ—2」から「J」島北岸の「Ⓙ—1」までの渡海距離である③と、「J」島北岸の「Ⓙ—1」から「J」島南岸の「Ⓙ—2」までの「J」の島の広さの距離である④と、「J」島南岸の「Ⓙ—2」から「K」の北岸の「Ⓚ」までの渡海距離の⑤のそれぞれの里程距離の中の、「①」と「③」と「⑤」の三つの各航海距離の合算により算定された里程の数値だけではH〜K間の距離のすべてを表したことにはならず、これに「②」と「④」、つまり「I」と「J」の二島の「島の広さ」の表現の里程を合算する必要があります。

このように、大海中に存在する島国を挟んだ場合には、そこに表現される里程距離は前記の「一」や

「ニーア」の旅程の場合とは異なることがあります。

前記の「ニ」や「ニーア」の旅程の場合は、ともに、「A」～「D」や「H」～「K」の間の距離は①、②、③の三つの「水行」距離を加算すれば、そこから算出された値の距離が「A」～「D」や「H」～「K」の間の距離と同一です。

しかし、「ニーイ」の場合は、この間の①、③、⑤の三つの「渡海」距離を加算しただけでは、「H」～「K」の間の距離を表現したものではなく、それに②と④の、つまり、「I」と「J」の二つの「島の広さ」を加算する必要があります。


『魏志倭人伝』の、帯方郡から末盧国までの「②」ないし「⑦」の水行と渡海の旅程をどのように解釈するかで、後の解釈にも影響が発生します。そのためにも、この②の帯方郡から狗邪韓国までの「循海岸水行」の表現と、③、⑤、⑦の狗邪韓国から末盧国までの「渡海」の表現の違いの理由と、④の対馬国の島の広さと、⑥の一支国の島の広さの、これらの二つの「方」の表現理由を誤らないように解釈することが大切です。

このように、「A」・「B」・「C」・「D」の四つがそれぞれが陸続きで存在する場合の水行旅程の解釈と、「H」と「K」は別の陸地に存在していて、その二地点間には大海が存在していて、その大海上に「I」島と「J」島が島国として存在している場合の渡海旅程の解釈は、異なった表現方法となります。

『魏志倭人伝』では、帯方郡から狗邪韓国の間の旅程では、「循海岸水行」という「水行」の表現を使用しています。ところが、狗邪韓国から対馬国までの間の旅程と、対馬国から一支国までの間の旅程と、一支国から末盧国までの間の旅程の三つの旅程では「始度一海」「又南渡一海」「又渡一海」という「渡海」の表現を使用しています。

このことから、『魏志倭人伝』の帯方郡から狗邪韓国までの旅程では、帯方郡も狗邪韓国もそしてその間の中継地点の海岸も、港や停泊地のすべてが同一の陸地に存在することから「循海岸水行」の表現を採用していると思われます。また、狗邪韓国から末盧国への旅程では、「H」の狗邪韓国と「K」の末盧国がたがいに別の陸地に存在し、かつ、その間に大海が存在していて、そして「I」の対馬国と「J」の一支国の二国は、その大海上にある島国であることから、「始度一海」「又南渡一海」「又渡一海」という「渡海」の表現を使用したと思われます。

しかし、これらの、水行旅程距離と三つの渡海旅程距離を記載した記事だけでは、帯方郡から末盧国までの間の真の里程距離の表現にはならないことから、「I」の対馬国では「方可四百餘里」という対馬国の島の陸地の広さを表す一辺の長さの距離を、また、「J」の一支国では「方可三百里」という一大国の島の陸地の広さを表す一辺の長さの距離の表現の、これら二つの「方」を用いて、二つの島国の陸地の広さを表現し加算し、帯方郡から末盧国までの真の旅程距離を補完しようとしたと思われます。

したがって、『魏志倭人伝』の帯方郡から末盧国までの「水行」と「渡海」の表現の違いや「方」の表現を考察すれば、この旅程記事では、前記旅程方式中の「ニ—イ」の方式が採用されていて、陳寿は、帯方郡から末盧国までの間の「より正確な真の旅程距離」を表現しようとしたことが分かります。

第三　「水行」と「渡海」は異なる

『魏志倭人伝』には、帯方郡から耶馬臺国への旅程記事の水行と渡海の旅程として、四つの旅程記事が記載されています。

これらの航海の旅程には、「循海岸水行」という「水行」旅程と、「始度一海」、「又南渡一海」、「又渡一海」という三つの「渡海」旅程の二つの表現方法が採用されています。

陳寿は、なぜ一つの航海旅程記事に「水行」と「渡海」の二つの異なった表現方法を使用したのでしょうか。それは、二つの航海の場所が根本的に異なることからこの表現を使用したと思われます。

まず、「従郡至倭循海岸水行歴韓國乍南乍東到其北岸狗邪韓國七千餘里」の記事では、出発点である帯方郡の港の「Ⓐ」地点から、到達点である狗邪韓国の港の「Ⓗ」地点までの七千餘里を韓国の沿岸伝いに航海したと記されています。「循海岸水行」という「水行」の表現であることから、「Ⓐ」から「Ⓗ」までの間は陸続きの同半島の周辺部をめぐるもので、途中数回の停泊を繰り返して（「七千餘里」の表現から七日目に狗邪韓国に到着）航海したものと思われます。

次に、③の「始度一海千餘里至對海國」の記事では、「始度一海千餘里」とあることから、朝鮮半島南岸の狗邪韓国の出発点の「Ⓗ」から対馬国北岸の到達点の「Ⓘ―1」までの間の海の広さが「千余里」であることを表現しています。そして「始度一海」とあることから、ここで初めて陸伝いでなく「渡海」したことが表現されています。

次に、⑤の「又南渡一海千餘里名曰瀚海至一大國」の記事では、「又南渡一海千餘里名曰瀚海」とあることから、ここで再び海を渡ったことと、その距離が「千餘里」であったこと、そしてその海の名が「瀚海」であることの三つの内容が表現されています。この旅程記事の「千餘里」は、対馬国北岸の「Ⓘ―1」を出発点としたものではなく、同島南岸の「Ⓘ―2」を出発点として一大国北岸の到着点「Ⓙ―1」までの間の距離を表現したようです。

次に、「又渡一海千餘里至末盧國」の記事では、「又渡一海千餘里」と記載されていることから、ここで再び海を渡ったことと、その距離が「千餘里」であったことの二つの内容が記載されています。この旅程記事の「千餘里」は、一支国北岸の「Ⓙ―1」を出発点としたものではなく、同島南岸の「Ⓙ―2」を出発点として末盧国北岸の到着点「Ⓚ（次の旅程の出発点と同一である）」までの間の距離を表現したものです。

よって、「水行」と「渡海」の表現は、その表現された航海の方法が異なることが明らかになり、「水行」は同一陸地内の二地点間を途中に寄港や停泊等はあるにせよ陸沿いに航海する場合の表現方法であり、「渡海」は異なる陸地間の海を渡る場合の表現方法であることが裏付けられます。

このことから、「渡海」の表現の場合には、狗邪韓国から末盧国までの間の三旅程（狗邪韓国から対馬国、対馬国から一支国、一支国から末盧国）の各出発点から到着点までの海の広さの表現であり、これだけでは対馬国と一支国の二つの島の陸地の広さは表現されていないことから、陳寿はあえて、「対馬国」と「一大国」に陸地の広さを表す表現方法の二つの「方」を採用することによって、はじめて、「水行旅程」と「渡海旅程」だけでは表現されなかった帯方郡から耶馬臺国への旅程距離の不足部分の「補正」と「補完」を行ったことが裏付けられます。

第四　「方」という表現

『魏志倭人伝』には、旅程記事の中で、対海国（対馬国の誤り）と一大国（一支国の誤り）の記事部分には、「方可四百餘里」や「方可三百里」という、面積を割り出すための一辺の長さの単位の「方」が記されています。しかし、他の国々の表記では「方」の表現は記されていません。

陳寿は、なぜこの二国にだけ「方」を記しながら、他のすべての国にはそれを記さなかったのでしょうか。仮に、その国の勢力（いわゆる国土面積）を示すために記したのならば、対馬国と一支国以外の国においても同様に「方」を記したはずです。

それは、帯方郡から耶馬臺国へ至る旅程のうちで、狗邪韓国から末盧国までの間の旅程が、他の部分の旅程と異なり「渡海」表現であることに理由があると思われます。

『魏志倭人伝』の里程旅程記事のうち、狗邪韓国から末盧国までの三つの旅程記事には、「始度一海千餘里至對海國」「又南渡一海千餘里名曰瀚海至一大國」「又渡一海千餘里至末盧國」と記されていて、ここには、「Ⓗ」から「Ⓘ—1」まで、「Ⓘ—2」から「Ⓙ—1」まで、「Ⓙ—2」から「Ⓚ」までの間の、それぞれの海の広さである「渡海」距離が、各「千餘里」と表現されています。

しかし、③の出発点の狗邪韓国から⑦の到着点の末盧国までの実際の真の旅程を表現するには、「Ⓗ」から「Ⓘ―1」まで、「Ⓘ―2」から「Ⓙ―1」まで、「Ⓙ―2」から「Ⓚ」までの各国間の渡海距離の合計三千餘里を表記しただけでは不十分です。それを補完するには、対馬国の島の陸地の広さの「Ⓘ―1」から「Ⓘ―2」までの④「方可四百餘里」と、一支国の島の陸地の広さの「Ⓙ―1」から「Ⓙ―2」までの距離の⑥「方可三百里」という、二つの島の陸地の広さの表現である「方」を追加表記する必要があります。陳寿は、この対馬国と一支国の二島にだけは、その国の島の陸地の広さを表す「方」を明記して、帯方郡から耶馬臺国までの旅程の不足分の補正・補完し、真の旅程距離を表現しようとしたのだと思います。

これらのことから、狗邪韓国から末盧国までの間の真の里程距離を求めるには、狗邪韓国から対馬国までの間の渡海距離である「Ⓗ」から「Ⓘ―1」の渡海距離の③「千餘里」と、対馬国から一支国までの間の渡海距離である「Ⓘ―2」から「Ⓙ―1」の渡海距離の⑤「千餘里」と、一支国から末盧国までの間の渡海距離である「Ⓙ―2」から「Ⓚ」の渡海距離の⑦「千餘里」の、三つの渡海距離を合わせた合計距離の「三千餘里」と、対馬国の島の陸地の広さの距離である「Ⓘ―1」から「Ⓘ―2」の④「方四百餘里」と、一支国の島の陸地の広さの距離である「Ⓙ―1」から「Ⓙ―2」の⑥「方三百里」の、これらの五つの里程表記を合算して算出する必要があり、つまり狗邪韓国から末盧国までの間の真の里程距離は、これらの合計の「三七〇〇餘里」であるとしたのです。

第四章　陳寿が記した倭国

『魏志倭人伝』に記された「邪馬壹國」の場所については、これまでさまざまな場所に比定されてきました。

ところで、仮に日本国内で卑弥呼の没年と同年代の女王の墓が見つかったとして、それが女王卑弥呼の墓と、あるいはその場所が耶馬臺国と断定できるでしょうか。いいえ、必ずしもそうとは限りません。「女王卑弥呼の没年と同時代の女王の墓」であることをもってそれを卑弥呼の墓と断定するのは、あまりにも早計すぎます。

たとえ卑弥呼の没年と同年代の女王の墓であるとしても、それが女王卑弥呼の墓であるとは限らないからです。

たとえ卑弥呼の没年と時代が一致している、あるいはそれが女王の墓であるとしても、また、その場所に至る道程の一部が『魏志倭人伝』の道程の一部と合致しているとしても、それだけでそこを耶馬臺国であると、その墓が『魏志倭人伝』に記された女王卑弥呼の墓であると断定するのは早計すぎていて、それこそが『魏志倭人伝』解釈の陥りやすい誤りではないかと思われます。

第一　「倭国の大きさは周旋五千里」のフィルター

『魏志倭人伝』には「可至參問倭地絶在海中洲𡶶之上或絶或連周旋可五千餘里」とあり、倭国の大きさが「周旋可五千余里」であると明記されています。

この「周旋可五千餘里」の解釈にあたり、二つの問題があります。一つは、「倭の範囲」の解釈、二つ目は「周旋」の解釈です。

「倭」の範囲については、三つの考え方があります。

一つには、『魏志倭人伝』の帯方郡から耶馬臺国への旅程の「狗邪韓国」について、「從郡至倭循海岸水行歴韓國乍南乍東到其北岸狗邪韓國七千餘里」との記載があります。一説にはこの「其北岸狗邪韓國」について、朝鮮半島南部に倭国の出先の国があり、倭国は半島南部のこの地までを統治していたとの見方があります。しかしこれについて、狗邪韓国は韓半島内に存在し、当時韓半島にまで中国の影響が及んでいた。そのような状況下でその一部を、大海を遠くへだてた倭が制圧できたのかという疑問があります。

二つには、倭の範囲を現在の国境とほぼ同様とみなして対島までとする見方です。狗邪韓国は大海を隔てた韓半島内にあることから、倭国の勢力下とみなすには難があると考える見方です。その意味からも、大方は現在と同じく国境線を狗邪韓国と対馬間に置きがちです。その場合の「其北岸狗邪韓國」の見方は、倭の勢力下の対馬国に対して、大海を隔てた北の対岸の異国の地との解釈であろうと思われます。

三つには、倭の範囲を、本土という捉え方と同様とする見方です。この場合、「倭」は「九州」などの「本土」という見方です。この場合の「対馬国」や「一支国」は、「倭」である「九州」に属する周辺の島国との見方であろうと思われます。

「周旋」の意味の解釈方法については、「周旋」を「円周」、「直径」、「半径」のいずれで解釈するかにより倭国の大きさの見解が異なりますが、『魏志倭人伝』の記述に適合するのはどれであるかをみれば、「周旋」の意味と「倭国の捉え方」が明らかになります。

一　円周では小さすぎる

周旋を「円周」と解釈すると、倭国の大きさはあまりにも小さすぎると思われます。

『魏志倭人伝』には、

「倭女王卑弥呼與狗奴國男王卑弥弓呼素不和遣倭載斯烏越等詣郡說相攻擊狀遣塞曹掾史張政等因齎詔書黃幢拜假難升米爲檄告喻之」

とあることから、倭国内には女王卑弥呼が制する二一国からなるいわば耶馬臺国連合と、その南に狗奴国があり、それらは互いに「不和」、「相攻撃」、つまりは戦闘状態にあって、そのために卑弥呼は魏の皇帝への援助を要請して皇帝からの「黄幢」をたまわったことが記されています。

さらに、『魏志倭人伝』に耶馬臺国連合と狗奴国が「相攻撃」していたとあることから、倭国は少なくとも対馬国から狗奴国（現在の熊本か）までの大きさはあったと思われます。

また、『魏志倭人伝』には「又南渡一海千餘里名曰瀚海至一大國」、「又渡一海千餘里至末盧國」、「東南陸行五百里到伊都國」、「東南至奴國百里」、「東行至不彌國百里」という対馬国から不彌国までの里程旅程記事の記載があり、その里程の合計は、一〇〇〇里＋一〇〇〇里＋五〇〇里＋一〇〇里＋一〇〇里を加算した「二千七百里」です。

ところで、円周の求め方は直径×円周率から、仮に周旋が円周のことであるならば、周旋五〇〇〇里の時の直径は「一五九二里」ほどになります。

よって、『魏志倭人伝』に記述された里程旅程記事では二七〇〇里ですから、この時点で周旋を円周と仮定するときの倭国の直径一五九二里を大幅に超過してしまっていて、矛盾した仮定（仮説）であることになります。

このことから、「周旋」を「円周」とする解釈は事実に即しておらず、誤りであろうと思われます。

二　直径としても小さすぎる

次に、「周旋」を「直径」と解釈すれば、「周旋可五千余里」の倭国の直径は五〇〇〇里であることになり、まだ小さすぎます。

『魏志倭人伝』には「自郡至女王國萬二千餘里」とあり、帯方郡から耶馬臺国までの里程は一二〇〇〇里と明記されています。また、帯方郡から不彌国までの里程旅程記事として「從郡至倭循海岸水行歴韓國乍南乍東到其北岸狗邪韓國七千餘里」とあり、帯方郡から狗邪韓国までの里程旅程は七〇〇〇里です。よって狗邪韓国から耶馬臺国までの残里数は、帯方郡から耶馬臺国までの一二〇〇〇里から、帯方郡から狗邪韓国までの水行里数の七〇〇〇里を差し引いた五〇〇〇里であることが導き出されます。とすれば狗邪韓国から耶馬臺国までの残里数の五〇〇〇里は、ここで仮に想定した倭国の直径と同里数であることになり、つまり耶馬臺国は倭国の最南端に存在していることになってしまいます。

ところが『魏志倭人伝』には「其南有狗奴國男子爲王其官有狗古智卑狗不屬女王」とあり、耶馬臺国の南には耶馬臺国の女王卑弥呼と不和で対立をしている「狗奴国」が存在していると明記しています。このことについて『魏志』には「女王之南又有狗奴國男子爲王其官曰狗石智卑狗者不屬女王也」と、また、『魏略』にも、「女王之南又有狗奴國女（衍）男子爲王其官曰拘右（古）智卑狗不屬女王也」とあり、固有名詞部分に文字の違いや、また、「其南有狗奴國」、「女王之南有狗奴國」と表現に若干の違いはありますが、ともに「南に狗奴国がある」という内容は全く同一ですから、耶馬臺国は倭国の南端ではないことになります。

仮に周旋を直径として考察した場合には、『魏志倭人伝』に記されている、倭国は周旋五〇〇〇里であるという記述と耶馬臺国の南に「狗奴国」があるという記述は、相反する記述となり、そのことから、この周旋を直径とする仮説も誤りであって、あり得ないものであると思われます。

三　日本全体では違いすぎる

『魏志倭人伝』には、「可至參問倭地絶在海中洲㠀之上或絶或連周旋可五千餘里」とあることから、倭国の大きさは「周旋五〇〇〇里」と記述されています。

また『魏志倭人伝』には帯方郡から不彌国までの一連の里程旅程記事の記載があり、その中に対馬国から末盧国までの間についての「又南渡一海千餘里名曰瀚海至一大國」、「又渡一海千餘里至末盧國」という渡海による里程旅程記事と、「東南陸行五百里到伊都國」という末盧国から伊都国までの陸行による里程旅程記事の三つの里程旅程記事があり、これらの合計は一〇〇〇里＋一〇〇〇里＋五〇〇里で合計二五〇〇里となります。

そのことからすれば、倭国の周旋五〇〇〇里はその倍でしかありません。よって周旋を直径とした場合

「九州の南北の長さ」と「周旋5000里」の関係

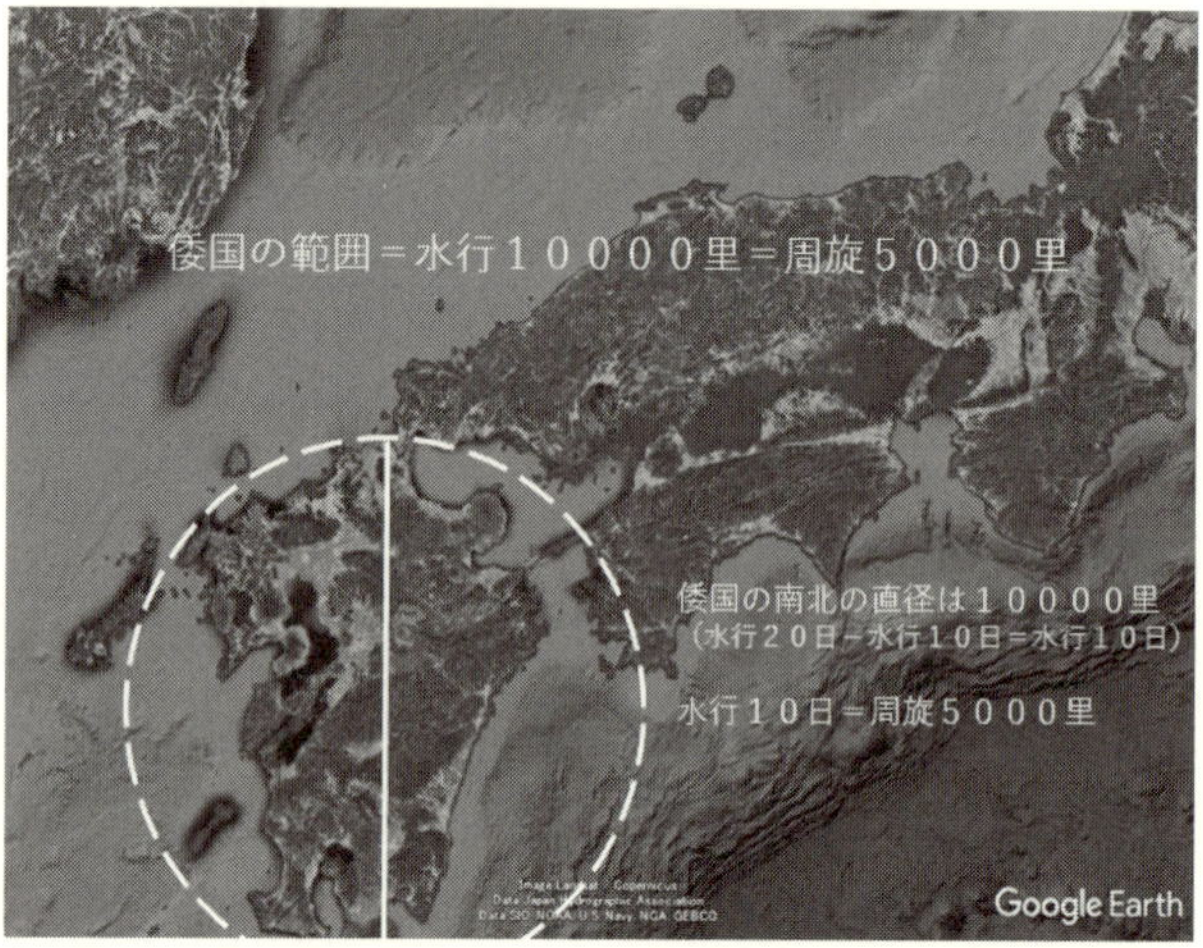

には北部九州程度の大きさでしかないことになります。

　このことから、「可至參問倭地絶在海中洲㠀之上或絶或連周旋可五千餘里」の倭国を、仮に日本全体とした場合には、現在の地図と比較すれば、桁違いに違いすぎます。

　魏志倭人伝の旅程の対馬国から末盧国までの渡海距離は二〇〇〇里、また、対馬国から不彌国までの全旅程が二七〇〇里であることからすれば、『魏志倭人伝』に「可至參問倭地絶在海中洲㠀之上或絶或連周旋可五千餘里」とあり周旋五〇〇〇里と記された「倭国」を日本全体のことと解釈するのは事実に即しておらず、到底ありえない解釈であると思われます。

四　倭国は九州と同等（水行十日は周旋五千餘里）

『魏志倭人伝』には「南至投馬國水行二十日」とある

ことから、この記事を帯方郡起点の放射説で解釈すれば、帯方郡から水行で二十日のところに、つまりは水行で二〇〇〇里のところに投馬国すなわち殺馬国があることになります。

また一方、『魏志倭人伝』には狗邪韓国から対馬国、対馬国から一支国、一支国から末盧国までの三つの渡海里程旅程の記載があります。

このことから七〇〇〇里＋一〇〇〇里＋一〇〇〇里＋一〇〇〇里の合計一〇〇〇〇里、つまりは帯方郡から水行と渡海で十日のところに末盧国があることになります。

これを計算すれば、帯方郡から投馬国までの水行二十日つまり二〇〇〇〇里から、帯方郡から末盧国までの間の一〇〇〇〇里、つまり水行・渡海の一〇日を差し引いた末盧国から投馬国までの旅程は水行十日つまりは一〇〇〇〇里になります。そして、狗邪韓国から対馬国、対馬国から一支国、一支国から末盧国の各渡海旅程の一〇〇〇里が一日の渡海旅程の日里換算であることからすれば、水行十日であることは、つまりは水行一〇〇〇〇里であることになります。

ここに『魏志倭人伝』の一日の水行と渡海の距離が一〇〇〇里の日里換算ですから、倭国（九州島）の北端である末盧国から同倭国（九州島）の南端である投馬国（殺馬国のこと）までの距離は、つまり、倭国の大きさの南北の長さがちょうど一〇〇〇〇里であることになり、『魏志倭人伝』の記述による倭国の大きさが周旋五〇〇〇里であること、つまりは倭国である九州島は半径五〇〇〇里の円を描いた大きさであることとみごとに合致し、記述が納得のいく道理の通ったものであることがわかります。

第二　倭国の東に倭種の国のフィルター

『魏志倭人伝』には、耶馬臺国は倭国の女王の都とあります。よって、仮にも、倭国の女王が都とした耶馬臺国が女王が制していた二一国の地域外の場所にあって、女王卑弥呼はそこから二一国を制していたなどと考えるのは無理があります。耶馬臺国は、当然、倭国の中に存在していると考えるのが合理的です。

また、『魏志倭人伝』には、

「女王國東渡海千餘里復有國皆倭種」
「又有侏儒國在其南人長三四尺去女王四千餘里」
「又有裸國」
「黒歯國復在其東南船行一年」

とあり国名不詳の国、侏儒国、裸国、黒歯国の四つの倭種の国が倭国の東に存在することが記されています。よって魏志倭人伝の記述に従えば、これらの倭種の国々が倭国の東に存在していなければなりません。

ところが、仮に倭国を日本全体と考えれば日本の東にある倭種の国々は太平洋上にあることになり、ならばそれはどこにあるのかということになり、大きな矛盾が発生して、意味が成り立たなくない。

ならば倭国はどこであるのか。それはどう解釈しても九州であるとしか考えられません。北部九州に耶馬臺国連合があって、その南に狗奴国があったと解釈すれば、『魏志倭人伝』の記述が、最も道理にかなっていて、納得のいくものであり、その記述が正しいことが立証されます。

『魏志倭人伝』には、「女王國東渡海千餘里復有國皆倭種又在侏儒國有其南人長三四尺去女王四千餘里又有裸國黒齒國復在其東南船行一年」とあり、女王国の東に一〇〇〇里のところに倭種の国があり、またその南に身長が三～四尺の侏儒国があり、そこは女王国を去ること四〇〇〇里である、また東南に一年（一月の誤りと思われる）のところに裸国と黒歯国があると記されています。

また一方、『法苑珠林』所引の『魏略』には「倭南有侏儒國其人長三四尺去女王國四千餘里」と記されていて、ここにも「侏儒國」の存在が明記されていて、これらの記述から、倭国の東には倭種の国が、少なくとも侏儒国が存在していたであろうことがわかります。

一　東渡海千餘里復有国皆倭種とは

『魏志倭人伝』には、

「女王國東渡海千餘里復有國皆倭種又有侏儒國在其南人長三四尺去女王四千餘里又有裸國黒齒國復在其東南船行一年」

という、倭種の国に関する記載があります。

ここに記された倭種の国の名称は、前述の狗邪韓国及び対海国から不彌国までの六国や女王卑弥呼が制した二一国あるいは狗奴国や投馬国（殺馬国の誤りと思われる）等のように国名の借字表記でなく、その国に住む倭種の特徴を国名にしていると思われます。

中でも最初の国名不詳の国と侏儒国への旅程は里程で記載され、黒歯国と裸国への旅程は日程で記されています。『魏志倭人伝』は、それまでの他の正史あるいは歴史書、さらには魏の使節が倭国を訪れた時の記録や倭国の使節が魏を訪問した時の記録等を基に陳寿が撰述したものと考えられていますから、里程と日程の二つの表記方法の違いは、それぞれがもともとは別の記録に基づいているためと推察されます。

二　侏儒国とは

『魏志倭人伝』には、

「又有侏儒國在其南人長三四尺去女王四千餘里」

と記されています。このことからすれば「侏儒国」は、国名不詳の国の南にあって、女王の国と四千余里離れていることになります。

ところで、『続日本紀』の巻第一の文武天皇二年の条の四月三日には、

「侏儒《ひさひと》なる備前国《きびのみちのくち》の人秦大兄《はだのおほえ》に、姓香登《かがと》臣を賜《たま》ふ。」

とあり、「侏儒なる備前国」と記されています。このことからすれば、侏儒国はその後の備前国のことかと思われます。

備前国は岡山県東南部、香川県小豆島、直島諸島、兵庫県赤穂市の一部の地域でしたが、当初はもっと広かったと考えられ、したがって、『魏志倭人伝』の侏儒国は現在の岡山県岡山市・倉敷市・玉野市・備前市・瀬戸内市・赤磐市・和気郡・久米郡・加賀郡、兵庫県赤穂市あたりを指すと思われます。

『魏志倭人伝』には「去女王四千餘里」とありますが、『隋書』の「夷人不知里数但計以日」の記述から一〇〇〇里を一日の水行換算距離と考えれば、侏儒国は女王国（耶馬臺国）から四〇〇〇余里（水行四日）の距離にあり、かつ女王国から東に水行一〇〇〇里（水行一日）の国名不詳の国の南（南は東にずれていると思われる）にあることになります。よって、侏儒国は岡山県もしくは香川県あるいは兵庫県の一部にあた

ると思われます。

三　裸国・黒歯国とは

『魏志倭人伝』には、「又有裸國黒齒國復在其東南船行一年」とあり、「裸国」と「黒歯国」という二つの倭種の国名が登場しています。この国名も「借字」表記ではなく、そこに住む倭種の特徴を漢字表現したものと思われます。

「裸国」の国名から想像できるのは、その国の人々が「裸」であったことです。しかし南国の人が裸なのは、よくあることで特筆すべきことでもありません。あえて特筆するのは、中国国内の習慣と異なる特筆すべき何かがあったからと思われます。男が海で裸で漁をすることは何ら特筆すべきことではありません、ところが、たくさんの女性が裸に近い状態で海に潜って漁をするのは特筆すべきことかもしれません。伊勢地方では他の地方と異なり、古来から女性が海に潜って魚介類を採取する海女漁が盛んで、ほとんど裸に近い状態で海に潜ったことが、伊勢地方の海女漁に関する文献等に記されています。よって、女性たちのその行為や様が魏の使節には驚きに感じられて、そのことから裸国を特筆したと思われます。そこでその場所を推察すれば、紀伊半島周辺の伊勢地方ではないかと思われます。

また「黒歯国」の国名から想像できるのは、歯を黒く染めていたか、もしくは何らかの現象で歯が黒く染まっていたもので、そこから想定されるのは「鉄漿《おはぐろ》」です。

鉄漿は「鉄を酒や茶などに浸して酸化させた液で、成人した女性が葉を黒く染めること。中古のころは公家や武家の男子も行い、江戸時代には既婚夫人のしるしとされた」もので、いつから何のためにされたかは定かでありません。しかし平安朝では公家や武士等の男子さえもが行っていたことから、これは近畿地方中心の風習であったことがうかがわれます。

南方では葉タバコの代わりにある植物の葉をかむ習慣があり、それによって歯が黒くなることがあることからこの習慣と植物が海流で紀伊半島周辺に伝わったとも思われますが、その実は定かではありません。

四　復有其東船行一年

一般的には『魏志倭人伝』の「又有裸國黒齒國復在其東南船行一年」の表記を、方位の「東南」の前に「其」の字があることから、「裸国・黒歯国は、倭国から東南へ水行で一年のところにある」と解釈しがちです。

しかし『魏志倭人伝』では、裸国・黒歯国が東南に位置することは明示されていますが、その旅程の「船行一年（船行一月の誤りと思われる）」の起点つまり「其」がどこを指すかは明示されていません。そのため、旅程の起点が帯方郡であるのか、あるいは倭国か、耶馬臺国か、それとも侏儒国かについては謎のままです。

しかし、帯方郡から末盧国までの水行旅程の合計日数ならびに（帯方郡から）投馬国と誤記された殺馬国への水行旅程の日数の、二つの日数旅程の表記を基準にすれば、おのずと裸国・黒歯国への船行一月（年は月の誤りと思われる）の日数換算の水行旅程の起点は、同じく帯方郡であろうと思われます。

一方、『隋書』には、「夷人不知里数但計以日」とあり、このことから、倭人は正確な距離の測定方法を知らず、よって、一日の移動距離をもって里を換算していたとされていて、『魏志倭人伝』では、水行の一日の移動距離を一〇〇〇里として換算したことは確かであろうと思われます。

これらの水行旅程の日数換算（日里換算）をもとに考慮すれば、水行旅程の起点はいずれも「帯方郡」であり、そのことから次のことが推察されます。

『魏志倭人伝』には「又有裸國黒齒國復在其東南船行一年」とあるが、実際に舟で一年航海すればそこはもはや日本ではないことから、『魏志倭人伝』の一年の記述は一月の誤りで、そこで、「年」を「月」に置換して解釈すれば「又有裸國黒齒國復在其東南船行一月」であり、「裸国・黒歯国は其の東南にあり、（帯方郡から）水行で一月のところにある」と記されていることになります。

そのことから、「裸国」と「黒歯国」はそれぞれの水行旅程の起点である帯方郡から「船行一月」の場所に存在していることになります。

またこの裸国と黒歯国は、『魏志倭人伝』に「南至投馬國水行二十日」と記されている「殺馬国」つまりは南部九州の薩摩半島南部から水行で十日の場所に位置していることになります。

これらのことから、

「帯方郡から末盧国（松浦＝現唐津）までの水行日程」

「末盧国から殺馬国（薩摩＝現鹿児島）までの水行日程」

「殺馬国から裸国、黒歯国までの水行日程」

の三つの水行日程は、いずれも一〇日間の水行旅程（一〇〇〇〇里）となります。

よって裸国と黒歯国は、帯方郡から水行一月（三〇日）で、九州南部の薩摩半島からさらに水行一〇日（一〇〇〇〇里）の場所であり、そこは紀伊半島あたりと思われ、その地方に、たくさんの女性がほとんど裸の状態で海に潜って漁をする「裸国」と、鉄漿もしくは何らかの現象により歯が黒く染まった人たちの「黒歯国」が存在していたと思われます。

ところで、先述の三つの水行旅程を地図上で見ると、それぞれの間の実際の距離はかなり異なっています。しかしこれは航行する地点の海流と進行角度の影響を受ける実走の結果によるものと思われます。

帯方郡から狗耶韓国（釜山）の間は、朝鮮半島西岸の西南端で本流から分岐して半島西岸の西海を北上して、その後左回り（時計と逆方向）に旋回して黄海を経て中国東岸を南下する対馬暖流の分岐した反転流の影響があり、朝鮮半島西岸を南下する船舶の航行はこの反転流の影響（抵抗）を受けて速度が減少します。そして、狗耶韓国（釜山あたり）から対海国（対馬）、一大国（壱岐）を経て末盧国（唐津）に向かう船舶の航行は、対馬海流の本流と直角に近い航行のため、本流からの抵抗は朝鮮半島西岸を南下する時の反転流に逆行する場合と比較すれば極端に小さいものになると思われます。

末盧国から殺馬国への九州西海岸を南下する場合の航行は、対馬暖流本流の激しい流れを逆行するため、前述二つと比較すれば最も厳しい航行となると思われます。

殺馬国から裸国、黒歯国までの間の航行は、四国沖を通る黒潮に乗った順行航路のために加速されて、三つの航路のうちで最速となるものと思われます。

つまり、帯方郡から末盧国までの水行と渡海の合計が一〇日であり、末盧国から殺馬国までの水行が一〇日であることから、帯方郡から殺馬国までの水行は二〇日（一〇日＋一〇日＝二〇日）であり、さらに、殺馬国から裸国、黒歯国までの水行が一〇日であることからすれば、帯方郡から裸国、黒歯国までの間の水行は一月（一〇日＋一〇日＋一〇日＝三〇日＝一月）であると思われます。

これらのことから『魏志倭人伝』の水行旅程記事の謎が解けて、同時に、陳寿の『魏志倭人伝』の水行旅程記事の記述が根拠に基づいていることが明らかになります。

ところで、中国の明の建文四（一四〇二）年の作成とみられる『混一疆理歴代国都之図』という古地図の日本列島は、なぜか右方向（時計回り）に九〇度回転させて描かれています。

ただし、この地図の該当部分を九〇度左回転させれば、ほぼ現在の日本列島に近い形で表されますし、この地図の紀伊半島南側の海上に描かれた島名をよく見れば、そこに「黒歯国」の名が見受けられます。

このことからも、裸国ならびに黒歯国の位置が紀伊半島あたりであろうことが明らかになります。『魏志倭人伝』で見落としてならない大切なことは、陳寿は既存の中国歴史書や魏の使節の倭国への旅程記録等をもとにして撰述したことです。

再々ですが、『魏志倭人伝』の本文は漢文の棒書きで記され、その中の国名や人名等の固有名詞部分は読み方を漢字で表記した借字で書かれています。そして旅程部分には里程と日程の二つが混在しています。

この里程部分と日程部分は、それぞれ別の資料をもとに撰述したからです。

そしてその里程部分のうちで、

・帯方郡から不彌国までの一連の里程部分は、帯方郡を起点とした順次式の表現

・倭種の国までの里程部分は、倭国を起点とした順次式の表現

であろうと思われます。

ただ、日程部分に関してはその起点がどこであるかの記載が詳細でないことから、一部には耶馬臺国の出先機関があった伊都国を起点とした放射説との異論もありました。そして大方の見方は、その日程部分を、帯方郡から不彌国までの里程旅程記事に続けて一連の連続した旅程としてみる順次式の解釈でした。

しかし、本稿で再度『魏志倭人伝』の記述を詳細に検討の結果、日程旅程部分は、帯方郡を起点とした放射式の表現であろうことを明らかにしています。すべての日程旅程の起点を、魏の使節団の旅程の出発点である「帯方郡」として考えれば、『魏志倭人伝』の旅程の全ての謎が解けるためです。

五　倭国は最西にある

『魏志倭人伝』には「女王國東渡海千餘里復有國皆倭種」、つまり「女王国の東、海を渡ること一〇〇〇余里、また国があり、みな倭種である」とあり、国名不詳の国の記述と倭種という表現が登場しています。よって、『魏志倭人伝』では倭人と倭種の二つの表現を採用して、この二つを明確に使い分けています。『魏志倭人伝』では、倭国内に住む人々を「倭人」と呼び、倭国の外に住む倭人と同種の人々を「倭種」と呼んだものと思われます。よって、

「倭人は、実際に倭（最西の大きな島であることからすれば九州のことと思われる）の地に居住する人々のこと」

「倭種は、倭の地に居住してはいないが倭人と同種の人々のこと」

と考えられます。

『魏志倭人伝』には、名称不詳の国、侏儒国、裸国・黒歯国の、四つの倭種の国について、

「女王國東渡海千餘里復有國皆倭種」

「又有侏儒國在其南人長三四尺去女王四千餘里」

「又有裸國黒齒國復在其東南船行一年」

と記しています。このことから、

①　名称不詳の国は、倭国の東一〇〇〇里（水行一日）の距離にある

この距離は、『魏志倭人伝』には、帯方郡から狗邪韓国までの水行が七〇〇〇里で、狗邪韓国から対馬国、対馬国から一支国、一支国から末盧国までの間の各渡海里程がそれぞれ一〇〇〇里と記しています。しかし『隋書』には「夷人不知里数但計以日」とあることから、当時は距離換算が一定でなく一日の移動距離を基準に里数としたもので『魏志倭人伝』の水行渡海は一日の水行移動距離を一〇〇〇里と換算して記したと思われます。よってこの名称不詳の国は、倭国から東に向かって水行一〇〇〇里水行（一日）の場所にあることが明らかになり、おそらくは山口県内にあたると思われます。

②　侏儒国はその南にあり、女王国からは四〇〇〇里（水行四日）の距離にある

『魏志倭人伝』には「去女王四千余里」とありますが、『隋書』の「夷人不知里数但計以日」の記述から一〇〇〇里を一日の水行換算距離と考えれば、侏儒国は女王国（耶馬臺国）から四〇〇〇余里（水行四日）の距離にあり、かつ女王国から東に水行一〇〇〇里（水行一日）の国名不詳の国の南（南は東にずれている）にあることになります。よって、侏儒国は岡山県もしくは香川県あるいは兵庫県の一部にあたるものと思われます。

③　裸国・黒歯国は、其（この「其」がどこを示すかは不詳）の東南に位置し、舟で一月（年は月の誤りで、水行一月）で着く国である

『魏志倭人伝』には「又有裸國黒齒國復在其東南船行一年」とあります。しかし、実際に舟で一

『魏志倭人伝』の旅程解釈（帯方郡起点放射説）

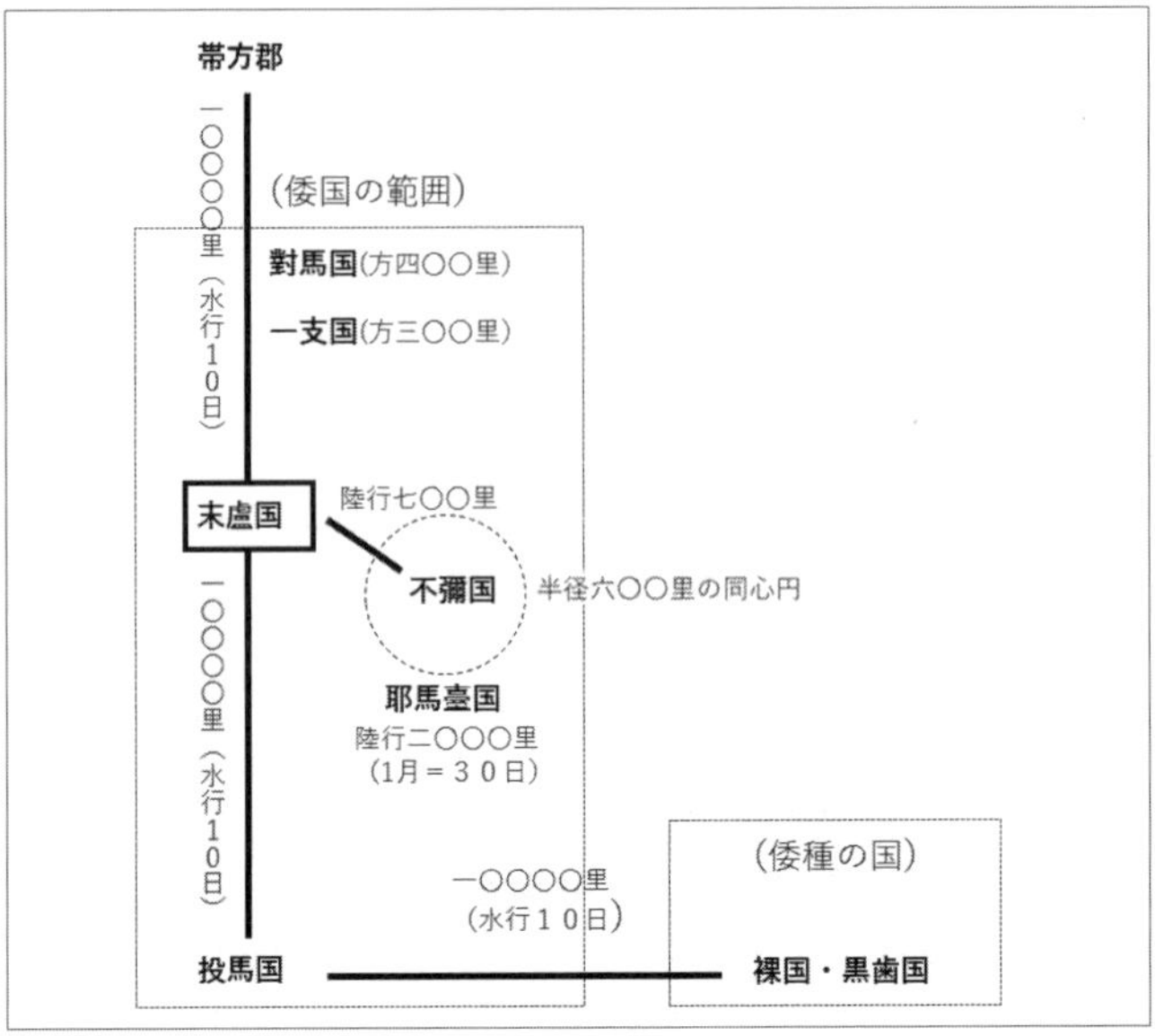

年航海すればそこはもはや日本ではありえません。よって「年」は「月」の誤りと思われ「又有裸國黒齒國復在其東南船行一月」であって、「裸国・黒歯国は其の東南にあり、（帯方郡から）水行で一月のところにある」と記されていて、さらに、「裸国」と「黒歯国」はそれぞれの水行旅程の起点である帯方郡から「船行一月」の場所に存在していることになります。

また、この裸国と黒歯国は、「南至投馬國水行二十日」と記されている「殺馬国」つまりは南部九州の薩摩半島南部から水行で十日の場所に位置していることになります。帯方郡から末盧国（松浦＝現唐津）まで、末盧国から殺馬国（薩摩＝現鹿児島）まで、殺馬国から裸国、黒歯国までの三つの水行はいずれも一〇日間の水行旅程（一〇〇〇〇里）であって、このことから、裸国と黒歯国は帯方郡から水行一月（三〇日）

であり、かつ九州南部の薩摩半島から水行一〇日（一〇〇〇〇里）の場所にあたることになります。その場所は、紀伊半島あたりと思われ、その地方にたくさんの女性がほとんど裸の状態で海に潜って漁をする「裸国」と、鉄漿もしくは何らかの現象により歯が黒く染まった人たちの「黒歯国」が存在していたものと思われます。

第三　「南に狗奴国がある」のフィルター

『魏志倭人伝』には、「其南有狗奴國男子爲王其官有狗古智卑狗不屬女王」と記されています。このことについて『魏志』には「女王之南又有狗奴國男子爲王其官曰狗石智卑狗者不屬女王也」とあり、『魏略』には「女王之南又有狗奴國女（衍）男子爲王其官曰拘右（古）智卑狗不屬女王也」とあります。

このように、固有名詞部分に文字列の違いはあり、また「其南有狗奴國」、「女王之南有狗奴國」と表現に若干の表現の違いはありますが、ともに、「南に狗奴国がある」という内容は全く同一です。

このことから、当時の中国においては、女王卑弥呼が制する二一国からなる女王国連合の南に狗奴国が存在していることは周知の事実という認識があったものと思われます。

『魏志倭人伝』には「其南有狗奴國男子爲王其官有狗古智卑狗不屬女王」とあり、女王国の南に男王の国の狗奴国があり、狗古智卑狗という官がいて女王（卑弥呼）に属していないと記されています。

この国の国名は「狗奴国」の「狗」の読みは上古音では「kug」、中古音「kəu」、中原音韻「kəu」、北京語「kəu (gǒu)」、呉音「ク」、漢音「コウ」ですから、上古音・中古音をもとに推察すれば、「狗」の読みは「ク」に近いと思われます。

また「奴」の読みは、上古音では「nag、」、中古音「no (ndo)」、中原音韻「nu」、北京語「nu (nu)」、呉音「ヌ」、漢音「ド」、古音の「nou」ですから、上古音・中古音をもとに推察すれば、「ナ」あるいは「ノ」に近いと思われます。したがって、「狗奴」は「クナ」あるいは「クノ」と推察されることから、『魏志倭人伝』にはクナ国あるいはクノ国が耶馬臺国の南にあると記していることになります。

また、『魏志倭人伝』には「官有狗古智卑狗不属女王」とあり、其の長官の名が「狗古智卑狗」であることが記されています。

「狗」の読みは、前述の如く、上古音・中古音をもとに推察すれば「ク」に近いと思われます。

また「古」の読みは、上古音では「kag」、中古音「ko」、中原音韻「ku」、北京語「ku (gu)」、呉音「ク」、漢音「コ」ですから、上古音・中古音をもとに推察すれば「コ」に近いと思われます。

さらに「智」の読みは、上古音では「tieg」、中古音「tiĕ」、中原音韻「ţsi」、北京語「ţsi (zhi)」、呉音「チ」、漢音「チ」ですから、上古音・中古音をもとに推察すれば「チ」に近いと思われます。

さらに「卑」の読みは、上古音では「piĕg」、中古音「piĕ」、中原音韻「pi」、北京語「pəi (bēi)」、呉音「ヒ」、漢音「ヒ」ですから、上古音・中古音をもとに推察すれば「ヒ」に近いと思われます。

倭国内の3国（九州の3つの人口密集）

よって「狗古智卑狗」は「ククチヒク」と推察され、つまり、『魏志倭人伝』にはこの国の長官の名が「ククチヒク」と記していることになります。

ところで、熊本県の菊池市には、古来より「鞠智城」と記して「ククチノキ」と呼ばれる山城があり、それがキクチの地名由来と言われています。そのことからすれば、この狗古智卑狗は「キクチヒコ」のことで、この長官の出身地がキクチということではないかと思われます。

これから推察すれば、「狗奴国」は熊本（『倭名類聚抄』にあるところの球磨郡）のことで、その長官の名の「キクチヒコ」は菊池出身の長官がいたことを示しています。

このことから『魏志倭人伝』に記された耶馬臺国と狗奴国の関係は、北に耶馬臺国があり、その南に狗奴国がある。その国の王は耶馬臺国の女王卑弥呼と仲が悪く、またその国には菊池出身の長官がいたとなります。

ここからも、『魏志倭人伝』に記された倭国は九州のことで、中九州に狗奴国があり北部九州に耶馬臺国があることを表現しています。

第四　「會稽東治の東」のフィルター

『魏志倭人伝』には「差計其道里當在會稽東治之東」とあり、倭国は會稽東治の東にあたり、その大きさは會稽東治のその間の道里（距離）に該当することが記されています。

ここには「會稽東治」とありますが「治」は「治」の誤りで、「會稽《かいけい》」と「東治《とうや》」はともに中国の地名で、會稽は現在の中国の浙江省《せっこうしょう》紹興《しょうこう》県の東南にある山の名前です。そして東治は福建省《ふっけんしょう》福州《ふうしょう》付近にあたります。

會稽から東治の距離は、九州（壱岐対馬を含む）の大きさとほぼ同じであることがわかります。このことからすれば、倭国は中国の會稽から同じく東治までの大きさとほぼ等しいことが推察されます。

この事実からも、『魏志倭人伝』に「差計其道里當在會稽東治之東」と記された倭国は、九州にあったことを示しています。

第五　方位のフィルター

一　東の方位

『魏志倭人伝』の狗邪韓国から後の倭国内の六国名の読みが『倭名類聚抄』記載の郡名と一致（不彌国は直接該当はない）していて、対海国は対馬国の誤りで「ツィ・マ国」であり対馬島のことであること、一大国は一支国の誤りで「イ・キ国」であり壱岐島のことであること、末盧国は「マッ・ロ国」であり、松浦郡のことであること、伊都国は「イ・ト国」であり怡土郡のことであること、奴国は「ノ国（ナ国）」であり那珂郡のことであること、不彌国は（ハ行のフはワ行のウに音韻変換）「ウ・ミ国」であり、現粕屋郡宇美町のことであろうと推定されています。

『魏志倭人伝』には狗邪韓国から末盧国の間の渡海の方向は「南」と記され、また、末盧国から不彌国の間の陸行の方向は「東南」あるいは「東」と記されています。

また『魏志倭人伝』記載の六国の比定地は北部九州の郡名と一致しているばかりでなく、現在の地図との距離関係においてもほぼ一致しています。しかし「南」の方向が真南よりもやや東にずれ、「東」の方向が真東よりやや北にずれています。

「会稽東冶之東」の解釈

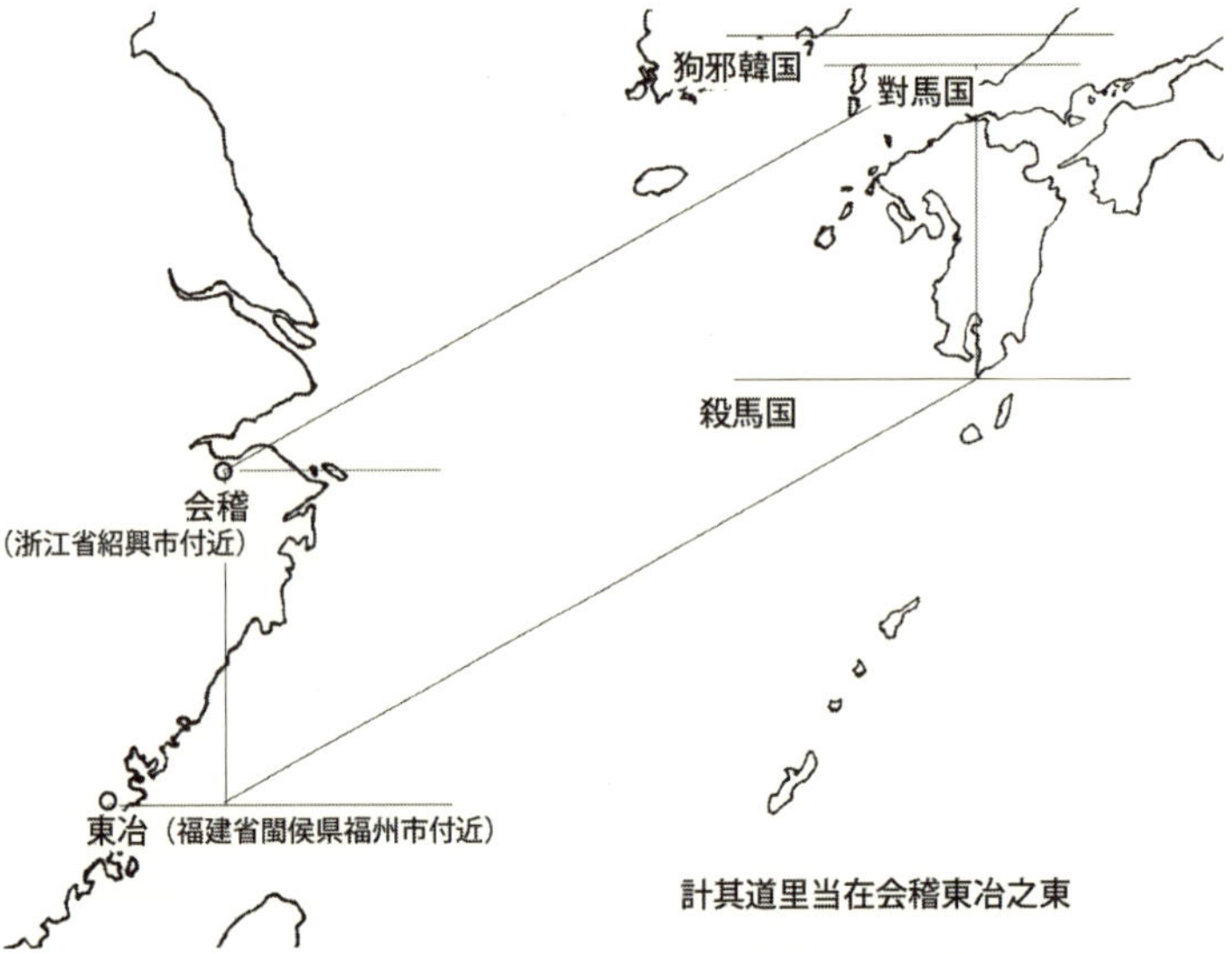

二　渡海の方位

『魏志倭人伝』には、「始度一海千餘里至對海國」、「又南渡一海千餘里名曰瀚海至一大國」、「又渡一海千餘里至末盧國」とあり、狗邪韓国から対馬国、対馬国から一支国、一支国から末盧国に至る各渡海旅程が記されています。

これについて、『魏志』には「至對馬國戸千餘里」、「又南渡一海一千里名曰瀚海至一大國」、「又渡海千餘里至未（末）盧國」、『梁書』には「始度一海海闊千餘里名瀚海至一支國」、「又度一海千餘里名未（末）盧國」、『魏略』には「始度一海千餘里至對馬國」、「南度海至一支國」、「又度海千餘里至末盧」とあります。

つまり、『魏志倭人伝』、『魏志』『梁書』、『魏略』では、いずれの文献でも、対馬国から一支国への渡海旅程の方位をほぼ同一に「南」と記しています。

ところが、ここで表現された「南」の方位は、実際の正確な方位の「真南」ではありません。実際の狗邪韓国と対馬国と一支国と末盧国の位置関係は、真南よりも南東に偏っています。では、なぜ、これら中国の文献は、「南」と同一に記したのでしょうか。

三　陸行の方位

『魏志倭人伝』には、「東南陸行五百里到伊都國」、「東南至奴國百里」、「東行至不彌國百里」とあり、末盧国から伊都国、伊都国から奴国、奴国から不彌国に至る各陸行旅程が記されています。

これについて『魏志』には、「東南陸行五百里到伊都國」、「又東南至奴國百里」、「又東行百里至不彌国」、『梁書』には「又東南陸行五百里至伊都國」、「又東南行百里至奴國」、「又東行百里至不彌國」、『魏略』には「東南五東（百）里到伊都國」とあります。

つまり、『魏志倭人伝』、『魏志』、『梁書』、『魏略』では、いずれの文献でも、末盧国から伊都国と伊都国から奴国に至る方位をほぼ同一に「東南」と記し、そして、奴国から不彌国に至る方位を「東」と記しています。

しかし、ここで表現された「東南」と「東」の方位は、実際の正確な方位の、いわゆる「真東南」と「真東」ではありません。実際の「真東南」と「真東」よりも北東に偏っています。

四　「會稽東治之東」の方位

『魏志倭人伝』には、「計其道里當在會稽東治之東」とあり、倭国が会稽と東治の東にあたると記しています。

これについて、『後漢書』には「楽浪郡徼去其國萬二千里去其西北界拘邪韓國七千餘里其地大較在會稽東治之東」、『隋書』には「楽浪郡境及帯方郡並一萬二千里在會稽之東與儋耳相近」、『晋書』には「計其道里當會稽東治之東」、『梁書』には「去帯方萬二千餘里大抵在會稽之東」と記されていて、『魏志倭人伝』、『後漢書』、『隋書』、『晋書』、『梁書』では、いずれの文献においても倭国を「會稽・東治の東」とほぼ同一の内容の表現です。

ところが、ここで表現された「東」の方位も、実際の正確な方位の「真東」ではありません。実際の会稽・東治と日本の位置関係は、真東よりも北東に偏っています。ではなぜ、これら中国の文献が、倭国を「会稽・東治の東」という同一の表現で記したのでしょうか。

五　倭種の国の方位

『魏志倭人伝』には、「女王國東渡海千餘里復有國皆倭種」、「又有侏儒國在其南人長三四尺去女王四千餘里」、「又有裸國黒齒國復在其東南船行一年可至」という、倭種の国に関する記事があります。

これについて、『法苑珠林』所引『魏略』には、「倭南有侏儒國、其人長三四尺、去女王國四千餘里。」、『後漢書』には、「自女王國東度海千餘里至拘奴國雖皆倭種而不屬女王自女王國南四千餘里至朱儒國人長三四尺自朱儒東南行船一年至裸國黒齒國使驛所傳極於此矣」と記載されています。

『魏志倭人伝』の「又南渡一海千餘里名曰瀚海至一大國」という対馬国から一支国に至る渡海旅程の「南」の方位と、「東南陸行五百里到伊都國」、「東南至奴國百里」、「東行至不彌國百里」という末盧国から伊都国、伊都国から奴国、奴国から不彌国に至る各陸行旅程の表現の「東」と「東南」の方位と、「計其道里當在會稽東治之東」という倭国が会稽と東治の東にあたるとの表現の「東」の方位が、実際の方位よりも北に偏っているとすれば、これらの倭種の国についての「東」や「東南」の方位もまた、実際の「真東」や「真東南」の方位ではなく、上述同様に北に偏って表記されているものと思われます。

六　東の方位は真東とは異なる

ところで、「方位」の中で最初にできるのは、日の出の方向の「東」であるといわれています。次に、日没の方向の「西」ができます。その次には、北半球では北極星のある「北」ができて、その反対の「南」が最後にできます（南半球では、南十字星の方向の南が先にできる。その反対の方位の北が最後にできる）。

『魏志倭人伝』の「東」が北東に偏るのは、夏（夏至周辺の日時）の日の出の方向との関係であると思われます。玄界灘は秋から春にかけて、強い北風の日が多く、特に西高東低の冬型気圧配置では暴風の日々が続くので、大陸との交流は初夏から秋口の航海に限られます。その見地からしても、『魏志倭人伝』の東を日の出の方向と見れば、夏の日の出は、実際の方位の真東よりも北東に偏ります。

七　魏志倭人伝の記述はほぼ正確

『魏志倭人伝』の、帯方郡から不彌国に至る旅程記事の中の末盧国以降の陸行方向の「東」や「東南」と、「計其道里當在會稽東治之東」と記された會稽・東治と日本の関係の「東」の方位が、ともに北に偏っているのは、その「東」が、「日の出の方向」を表現しているからと思われます。その解釈から、『魏志倭人伝』の方位の記述を見れば、『魏志倭人伝』の記述がほぼ正確であることがわかります。

また、『魏志倭人伝』には「草木茂盛行不見前人」とあります。夏場の草木は成長が早く、以前に人が通った道でさえ、二〜三日もすれば前を行く人も見えない状況に戻ります。このことからも、『魏志倭人伝』の倭国の状況がほぼ正確であることがわかります。

第五章　魏志倭人伝の発音・借字の読み

第一　「借字の読み」のフィルター

一　「借字」と「仮名」の関係

『魏志倭人伝』の本文は漢文棒書きで、国名や人名等の固有名詞部分は、読みに同音漢字を当てはめた「借字」で表現されています。借字は、つまり、倭人の発音を中国人が聞いて、それに同音の漢字を当てはめたものです。ところで、日本には「真名」と呼ばれる漢字と、「仮名」があります。

借字の「借」は「借りる」で、「字」は「文字」の意です。一方、仮名の「仮」は「かりる」で、「名」は「文字」の意です。つまりは借字と仮名はどちらも「文字を借りる」という字義は全く同一であって、また使用方法も同じです。「仮名」は、漢字音韻中の音のみを借用し、韻は借用しません。よって、借字と仮名の読みの法則は同一で、漢字音韻中の音のみを借用して韻は借用しないものです。また、仮名には音韻変換が起きますが、借字でも音韻変換が想定されます。

二 「借字」の読みについて

一方、「借字」の読みについては諸説あり、中国語のどの発音であるかの結論は出ていません。仮名は「音読み」を使用し、漢字音韻中の音のみで読みます。そのことから、『魏志倭人伝』の借字の読みにも、仮名と同様に音読みで解読する説が多くあります。ところで音読みは、中国の発音のうちの「呉音」や「漢音」が中心です。しかし呉音や漢音は、陳寿の三国志撰述やその原稿の魏志や魏略の成立当時の発音とは異なり、後の時代のものと思われます。つまり、『三国志』（『魏志倭人伝』を含む）の成立時期から見て、借字の解読に音読みを使用するのは誤りと思われます。

当時の発音がいかなるものかは、確定していません。しかし国名等の借字を、「学研漢和大辞典」記載の「上古音」と「中古音」、および、後藤朝太郎氏の『漢字音之系統』記載の「古音」を参考に解読し、『倭名類聚抄』の郡郷名と比較検討すると、かなりの確率で該当していました。

そこで、確率的なものからいえば、上古音と中古音と古音が借字解読の参考になると思われ、むしろ、古音（上古音・中古音・古音）音韻中の音のみで解読すべきではないかとさえ思われます。

三 借字の誤字について

『魏志倭人伝』には、誤字が含まれています（特に「借字」中に多く見られる）。ところで、草書では異なる字形の正字が、殺字により同一もしくは酷似して誤読の対象となります。しかしこれは、ごく一定の限られた文字間だけに存在します。よって殺字から、置換されたもとの正字が特定できます。借字中の誤字は、草書体の殺字が同一の別字と置換すれば、その読みが現在の地名や人名等と同一となり正字が判断できると思われます。

四 隋書では対馬国を「都斯麻」と借字表記していることからの推定考察

『魏志倭人伝』には「始度一海千餘里至對海國」という渡海里程記事があり、狗邪韓国を出発してから次に到達する国名として、「海」を用いて「對海國」と記しています。一方、『魏志』には「至對馬國戸千餘里」とあり、「馬」を用いて「對馬國」と記しています。また、『翰苑』巻三〇所引の『魏略』には「始度一海千餘里、至對馬國」とあり、「馬」を用いて「對馬國」と記しています。

これらのことから、『魏志倭人伝』の対海国の「海」は、『魏志倭人伝』のもとになった『魏略』や『魏志』では「馬」が用いられていたことがわかります。そして、海と馬の互いの草書殺字（馬は行草体）には酷似したものがあり、陳寿自筆草稿の馬の行草殺字が海の草書殺字と酷似していたことが誤記の原因であることが明らかになります。

ところで、『魏志倭人伝』の成立から三五〇年後の『隋書』では「都斯麻國迴在大海中又東至一支國」とあり、文字列は「都斯麻」ですが、これは国名を借字表記したもので、その読みはツシマであると思われます。そこに「マ」の音が残ることからも、『魏志倭人伝』の「對海國」の海は馬の誤りで、その国名は「ツシマ」であることが明らかになります。

この誤りは筆写収得時の誤りで、『魏志倭人伝』の写本では海の字が用いられていたが、『隋書』では魏徴がその誤りに気付いて、あえて国名を借字表記で「都斯麻」と表記したものと思われます。

五　『魏志倭人伝』の「対馬」と『隋書』の「都斯麻」の借字表現の一致

『隋書』の「都斯麻」の読みが「ツシマ」であろうことからみても、『魏志倭人伝』の「對海國」の「海」は「馬」の誤りでその国名は「對馬國」で、読みは「ツシマ國」であると思われます。

ここで、「都」「斯」「麻」の三文字の漢字と「ツシマ」の地名の読みの音韻を検討してみます。

「都」は、上古音「tag」、中古音「to」、中原音韻「tu」、北京語「tu（du・dou）」、漢音「ト」、呉音「ツ」です。

「斯」は、上古音「sieg」、中古音「siĕ」、中原音韻「si」、北京語「si（sī）」、漢音「シ」、呉音「シ」です。

「麻」は、上古音「mǎg」、中古音「mǎ（mbǎ）」、中原音韻「ma」、北京語「ma（mà）」、呉音「メ」、漢音「バ」、唐音「マ」です。

「都」「斯」「麻」の三文字の読みの発音が「ツ」「シ」「マ」であろうことからすれば、「麻」が「マ」の読みの「借字」であることが推察されます。

このように、「都」「斯」「麻」の三文字の読みの発音が「ツ」「シ」「マ」に最も近いのは中原音韻もしくは北京語の時であり、魏徴の『隋書』が成立した六三六年の当時の発音は中原音韻もしくは北京語に近いものであったことが予想されます。

一方、『魏志倭人伝』には、「對海國」とありますが、魚豢の『魏略』では「始度一海千餘里至對馬國」とあり「馬」が、また『魏志』の本文中では「至對馬國戸千餘里」とあり、ここでも「馬」が使用されています。これらのことから、「對海國」の「海」は「馬」の間違いであることが明らかで、『魏志倭人伝』『魏略』『魏志』のいずれの文献の記述から見てもこの国が現在の「対馬」のことであることは明らかです。

「對」は、上古音「tuəd」、中古音「tuəi」」、中原音韻「tuəi」、北京語「tuəi（duì）」、呉音「タイ」、漢音「タイ」、唐音「ツヰ」、普通語では「duì」です。

また、「馬」は、上古音「măg」、中古音「mă（mbă）」、中原音韻「ma」、北京語「ma（mă）」、呉音「メ」、漢音「バ」、唐音「マ」です。

したがって『隋書』には「都斯麻」とあり、『魏略』『魏書』には「對馬國」とあり、『魏志倭人伝』にもつまりは「對馬國」とあることになります。

固有名詞の中では地名が最も変化しにくいもので、そして、「対馬」を『隋書』の時代には「都斯馬」と借字表現することからすれば、この国の名は「ツシマ」に近い読みであることは明らかです。

このことからすれば、『魏志倭人伝』の「對馬國」の「馬」は「マ」の、そして「對」は「ツイ」に近い読みの「借字」と思われ、そのことからすれば、「上古音」「中古音」「中原音韻」「北京語」「唐音」が推察されますが、この中で「中原音韻」と「北京語」と「唐音」はともに『魏志倭人伝』の成立以後の発音で、「上古音」「中古音」を解読の参考にするのが妥当と思われます。

第二　六国名発音のフィルター

日本の歴史では、もともとが単一民族であるため、たとえ権力の構図が変化しても民族そのものに変化はないと思われます。ところが中国では、地方ごとに民族が異なり多民族であるため、王朝が変化すれば支配する民族も交代することが多く、言葉や政治機構あるいは文化までもが変化することが起こります。そのため、言葉や文字あるいは度量衡や距離換算などが王朝の変化とともに変化しますし、そのことから、言葉や文字、度量衡や距離換算などは時代の流れとしてとらえるよりも、むしろいずれの民族の支配下にあったかを中心に見るべきです。その意味では魏と西晋の都がともに洛陽で同一であり、また、殷の都もほど近いことから、民族や文化も同一もしくは近似する蓋然性が高いと思われます。

中国では地域により民族が異なり、古来より使用する言葉と文字に違いがありました。言葉の違いは我が国の方言と同じように意味が伝わりにくいものですが、中国の場合は漢字という一つの文字を使用する事によって、表現に多少の違いはあるものの大体において意味が通じるものです。

そして篆書、隷書、楷書、行書では、元来甲骨文字や金文などのように象形文字から発生しているため、地方や部族の違いにより表現が異なり、多少のデフォルメはあっても字形にある程度の共通性がみられ、書体が変化してもそれが何の字であるかの判明がしやすく、どうにか意味が理解できます。

しかし草書では、もともとの字と全く異なった字形に変化することが多く、また個々人によって癖が異なることから、たとえ同地域の同民族どうしであっても、判断の困難なものがあり、非常に誤りやすいものです。

さらには、日本語と中国語の発音では発声（発音）の特徴が異なり、また、中国語は出身地や年代などでも発音が異なります。そのため完全な一致は不可能で、あくまで可能性的・確率的な解釈にならざるを得ません。

地名は元来、ものの名前の中ではもっとも変化しにくいものと考えられています。『倭名類聚抄』は、わが国最古の地名辞典とされています。しかし、平安時代の成立であり、三国志成立の二八五年との間には八〇〇年以上の開きがあります。

そのことから、本著では、『三国志』記載の六国あるいは二一国の国名が、『倭名類聚抄』記載の北部九州の郡郷名と一致していることのみならず、それ以前の段階でも同一・酷似する国名がなかったかを『倭名類聚抄』以前の文献の記述から考察し、『魏志倭人伝』の六国や二一国が、やはり北部九州を中心に存在していたであろうことを検証します。

『倭名類聚抄』は、平安時代中期の承平年間（九三一～九三八年）に源順が勤子内親王の求めに応じて編纂した日本最古の地名辞典（二〇巻本中一二巻部分）といわれます。

『魏志倭人伝』の倭国内の六国ならびに女王卑弥呼が制した二一国の国名を、誤字を草書殺字が同一もしくは酷似する文字と置換し、それを中国古音（上古音・中古音・古音）の音韻の音のみで読めば、その国名が倭名類聚抄の北部九州の郡郷名にほぼ一致しています。このことから、平安時代中期の北部九州には『魏志倭人伝』に登場する倭国内の六国と女王卑弥呼が制した二一国と同名の郡郷名が集中していることが明らかになります。本著では、平安時代中期以前にも同名音の国が同場所に存在していたであろうことから、耶馬臺国連合がそれ以前の時代から北部九州に存在したであろうことを検証します。

その他で『日本書紀』は、日本全国各地から風土記を集めてそれらをもとにして舎人親王が編纂して七二〇年に成立しました。この時に全国から集められた各地の風土記は『日本書紀』編纂後にそのほとんどが散逸しています。しかし、わずかに現存するものがあり、九州では『肥前国風土記』と『豊後国風土記』が残っています。これらの記述と『倭名類聚抄』の郡郷名の比較をしながら、『魏志倭人伝』の国々の場所を考察します。

各天皇の即位年数を逆算して推定すれば、第一五代天皇の神功皇后は三〇〇年代に天皇の位に即位していたとの説もあります。しかし、『日本書紀』巻第九の神功皇后三九年の条には注釈として「魏志《ぎし》に伝《い》はく明帝《めいてい》の景初《けいしょ》の三年の六月、倭《わ》の女王、大夫難斗米等《なしめら》を遣《つかは》して、郡《こほり》に詣《いた》りて、天子に詣らむことを求めて朝献《てうけん》す。太守《たいしゅ》鄧夏、吏《り》を遣《つか》わして将《ゐ》て送りて、京都《けいと》に詣らしむ。」（①）とあります。また、四〇年の条には「魏志に伝はく、正始《せいし》の元年に、建忠校尉《けんちうかうゐ》梯携等《ていけいら》を遣して、詔書印綬《せうしょいんじゅ》を奉《たてまつ》りて、倭国《わのくに》に詣らしむ。」（②）とあります。さらに、四三年の条にも「魏志に伝はく、正始《せいし》の四年、倭王《わおう》、復使《またつかひ》大夫《たいふ》伊声者掖耶約等《ら》八人《やたり》を遣して上献《しょうけん》す。」（③）とあります。よって、これらの記事がいずれも「魏志に伝はく」と特別に注されていることからみれば、これらが『魏志倭人伝』に基づいたことが明らかです。

一方、『魏志倭人伝』には、

㋐　景初二年六月倭女王遣大夫難升米等詣郡求詣天子朝獻太守劉夏遣吏將送詣京都

㋑　正始元年太守弓遵遣建中校尉梯儁等奉詔書印綬詣倭國

㋒　其四年倭王復遣使大夫伊聲耆掖邪拘等八人

と記されています。

これら二つの記事の内容の①は㋐と、②は㋑と、③は㋒と、それぞれ内容がほぼ一致しています。そのことから、神功皇后の三九年は『魏志倭人伝』にいうところの景初二（「二」は「三」の間違いとされている）年で二三九年のこと、四〇年は正始元年で二四〇年のこと、四三年は正始四年で二四三年のことであることが裏付けられます。そして同時に、神功皇后の天皇即位年代は二〇一～二六九年までであると修正されることになります。

また、神功皇后にさかのぼること三代の第一二代天皇の景行天皇の即位年代は、上記の年代修正によれば七一～一三〇年までと修正されることになります。

一方、『日本書紀』の景行天皇一二年の条には、

「十二年の秋七月《あきふみづき》に、熊襲《くまそ》反《そむ》きて朝貢《みつきたてまつ》らず。八月《はつき》の乙未《きのとのひつじ》の朔《ついたち》己酉《つちのとのとりのひ》に、筑紫《つくし》に幸《いでま》す。」

とあり、景行天皇の一二年八月～一九年九月にかけて天皇は熊襲平定のための九州巡幸をしたとの記事があります。このことから、上記年代修正によれば景行天皇の九州巡幸は、八二年八月～八九年九月にかけての事績であることになり、景行天皇の九州巡幸は景初三年（二三九年＝神功皇后三九年）の魏への朝献よりも一五六年前の、そして、『三国志』の成立よりも二〇二年前の出来事であったことになります。しかし、この記紀に記された年代論については二倍年代説その他の諸説があり、疑義が唱えられています。しかし、景行天皇の子が日本武尊であって、仲哀天皇がその御子であることからすれば、景行天皇が神功皇后やその夫の仲哀天皇より以前であることについては異論がないと思われます。

和銅六（七一三）年の元明《げんめい》天皇の詔をうけて郡郷の地名の由来・地形・産物・古伝説などを記して撰進させた諸国の風土記の中の『肥前国風土記』と『豊後国風土記』には景行天皇の九州巡幸の記事があります。その中には、当時の各国内の地方名や土蜘蛛誅伐の話、さらには地名にまつわる景行天皇の事績などが記されています。

これらが『肥前国風土記』と『豊後国風土記』の景行天皇にまつわる話として各風土記に記載されるこ

とからみれば、これらの地名が魏志倭人伝以前から当地に存在していた蓋然性が高いといえます。

『魏志倭人伝』には、帯方郡から耶馬臺国へ至る旅程の中の里程旅程の記載された国として、対海国、一大国、末盧国、伊都国、奴国、不彌国の倭国内の六国名が記載されています。これらの国名はいずれも「借字」で表記されていますが、その国名中には誤字と思われるものが含まれることから、「誤字」は草書の殺字が同一もしくは酷似する文字と置換し、その読みを、中国語発音の上古音、中古音、古音の、いずれも音韻中の音のみで読めば、その国名の読みが、『倭名類聚抄』記載の北部九州の郡郷名にほぼ一致（このことは、前著の「草書体で解く邪馬台国の謎—書道家が読む魏志倭人伝」に詳述）しています。

ここからは、それらの郡郷名の読みや由来について、倭名類聚抄以前の文献の『古事記』と『日本書紀』と『肥前国風土記』、『豊後国風土記』の記述をもとに検討し、論証したいと思います。

ちなみに『古事記』は太安万侶《おおのやすまろ》が撰録し和銅五（七一二）年に成立し、『日本書紀』は舎人《とねり》親王らによって編纂《へんさん》されて養老四（七二〇）年に成立したといわれています。

一　対海国（対海国の海は馬の誤り）

『魏志倭人伝』には、「始度一海千餘里至對海國」とあります。このことから帯方郡からの魏の使節は、

魏の使節のたどった6国

① 対馬国
② 一支国
③ 末盧国
④ 伊都国
⑤ 奴国
⑥ 不彌国

狗邪韓国（『魏略』では「拘耶韓国」と記されていて、現在の釜山付近と推定されている）から南へ渡海して最初に「對海國」に着いたことがわかり、この「對」は「対」の旧字体ですから新字体では「対海国」となります。

ところで対海国の「海」は、魚豢の『魏略』では「始度一海千餘里至對馬國」とあり「馬」が、また『魏志』の本文中では「至對馬國戸千餘里」とあり、ここでも「馬」が使用されています。

『魏志倭人伝』は陳寿が『魏略』などの資料をもとに撰述したといわれ、さらには『魏志』は古い段階のものとされています。これらから考察すれば、陳寿が撰述の参考にしたもと資料には「馬」が使用されていたと考えられます。そして、陳寿自身も『三国志』撰述に際しての草稿段階では当然草書の「馬」を使用（草書は草稿を書くための書体である）したと思われます。

また、陳寿の死後に皇帝の詔で河南伊と洛陽令の役人達が陳寿の自宅で筆写した陳寿手書きの草稿にも草書あるいは行草（草書の中で行書に近い書き方）の「馬」が記されていたはずです。

ところが河南伊と洛陽令が筆写する時に役人達が「馬」を「海」と見誤って「海」を筆写し、それが皇帝の基に備え置かれたことから、後の写本に「海」が記されたものと思われます。

これは、前著で詳述のとおり対海国の「海」は「馬」の誤りで、この国名は「対馬国」です。

「対馬」の、「対」は、漢音は「タイ・ツイ」、呉音では「ツヰ」、普通語では「duì」です。ところが中古音では「tuəi」、上古音では「tuəd」で、「ツィ」と思われます。

また、「馬」は中古音では「mă（mbă）」、上古音では「măg」で、いずれも、「マ」です。

このことから、この国の名は、中古音の「tuəi、mă（mbă）」、上古音の「tuəd、măg」から「ツィ・マ」と思われます。

『倭名類聚抄』巻九には「對馬島第百三十五　上縣郡・下縣郡」とあり、この「對馬島」がその発音に一致することから、『魏志倭人伝』の対馬国は『倭名類聚抄』の対馬島で、現在の長崎県対馬のことと思われます。

また『古事記』上巻の「二神の国生み」には「次に津島《つしま》を生みき。亦の名は天之狭手依比売《あめのさでよりひめ》と謂《い》ふ」とあり「津島《つしま》」の名が記されています。さらに『日本書紀』巻第一には「即ち対馬嶋《つしま》、壱岐嶋《いきのしま》、及《およ》び処処《ところどころ》の小嶋《をしま》は、皆是潮《みなこれしほ》の沫《あわ》の凝《こ》りて、成《な》れるものなり」とあり「対馬嶋《つしま》」の名が記されています。

これらのことから、『古事記』や『日本書紀』の成立以前から「ツシマ」の名が使用されていたことが明らかです。

二　一大国（一大国の大は支の誤り）

『魏志倭人伝』には「又南渡一海千餘里名曰瀚海至一大國」とあり、また瀚海という名の海を一〇〇〇里渡海して一大国に至ると記され、この国の名が「一大國」と記されています。

一大国の「大」は、『魏志』では「又南渡一海一千里名曰瀚海至一大國」とあり、「大」が用いられて「一大國」と記されています。しかし『魏略』には「南度海至一支國」とあり、「支」が用いられて「一支國」と記されています。また『梁書』には「始度一海海闊千餘里名瀚海至一支國」とあり、「支」が用いられて「一支國」と記されています。

よって、陳寿が『魏志倭人伝』の撰述に際して特に帯方郡から耶馬臺国への旅程で参考にしたとされる『魏略』にも「支」を用いて「一支國」と記載されていたことから、また『梁書』にも「支」を用いて「一支國」と記されていたことから、陳寿も『三国志』撰述の草稿では草書体の「支」を使用していたと思われます。それを、筆写する段階で「支」を「大」と見誤って「大」を記したものと思われます。

よってこれは、前著で詳述のとおり、一大国の「大」は「支」の字の誤りであって「一支国」と思われます。

「一支」は、中古音の「・iĕt、tʃĭĕ」、上古音の「・iet、kieg」から「イ・キ」と思われます。

『倭名類聚抄』巻九には、「壹岐島第百三十四　壹岐郡・石田郡」とあり、この「壹岐島」がその発音に一致することから、『魏志倭人伝』の一支国は『倭名類聚抄』の壹岐島で、現在の長崎県壱岐です。

また『古事記』上巻の「二神の国生み」には「次に伊伎島《いきのしま》を生みき。亦の名は天比登都柱《あめひとつはしら》と謂ふ」とあり「伊伎島《いきのしま》」の名が記されています。

さらに『日本書紀』巻第一には「壱岐嶋《いきのしま》」と記されています。これらのことから、『古事記』や『日本書紀』の成立以前から「イキ」の名が使用されていたことが明らかです。

三　末盧国

『魏志倭人伝』には「又渡一海千餘里至末盧國」とあります。『魏志』には「末盧國」とありますが、『魏略』には「末盧國」です。

中古音の「muat（mbuat）、lo」、上古音の「muat、hlag」の音韻の音のみの読みから「マッ・ロ」か「マッ・ラ」と思われ、この読みが『倭名類聚抄』の「松浦郡」の読みにほぼ一致しています。

『日本書紀』の巻第九の神功皇后摂政前記九年の条には、

「夏四月《うづき》の壬寅《みずのえとら》の朔甲辰《ついたちきのえたつのひ》に、北《きたのかた》、火前国《ひのみちのくちのくに》の松浦県《まつらのあがた》に到りて、玉嶋里《たましまのさと》の小河の側《ほとり》に進食《みをし》す。是《ここ》に、皇后《きさき》、針《はり》を勾《ま》げて鉤《ち》を為《つく》り、粒《いひぼ》を取りて餌《ゑ》にして、裳《みも》の縷《いと》を抽取《と》りて緡《つりのを》にして、河の中の石の上に登りて、鉤を投げて祈《うけ》ひて日《のたま》はく、『朕《われ》、西《にしのかた》、財の国を求めむと欲《おもほ》す。若《も》し事を成すこと有《あ》らば、河の魚鉤《いをちく》飲へ』とのたまふ。因《よ》て竿を挙げて、乃《すなは》ち細鱗魚《あゆ》を獲《え》つ。時《とき》に皇后《きさき》の日《のたま》はく、『希見《めずら》しき物《もの》なり』とのたまふ。希見、此をば梅豆邏志《めづらし》と云《い》ふ。故《かれ》、時人《ときのひと》、其《そ》の処《ところ》を号《なづ》けて、梅豆邏国《めづらのくに》と日《い》ふ。今《いま》、松浦《まつら》と謂《い》ふは訛《よこなば》れるなり。是《こ》を以《も》て、其の国の女人《をみな》、四月《うづき》の上旬《かみのとをか》に当《いた》る毎《ごと》に、鉤を以て河中《かはなか》に投げて、年魚《あゆ》を捕《と》ること、今に絶えず。唯《ただ》し男夫《をのこ》のみは釣ると雖《いへど》も、魚《いを》を獲《う》ること能《あた》はず。」

とあり、松浦郡の地名由来が神功皇后の細鱗魚《あゆ》釣りの伝承の梅豆邏国《めづらのくに》からきたとあります。

また、『肥前国風土記』には、

「松浦の郡　郷は七所《里は二六》。駅は五所。烽は八所。

昔、気長足姫尊《おきながたらしひめのみこと》（神功皇后）が新羅《しらぎ》を征伐しようとお思いになり、この郡にお出かけになって玉島の小河のほとりでお食事をお進めした。そこで皇后は縫針を曲げて釣針とし、飯粒を餌とし、裳の〔糸を抜きとってその〕糸を釣糸として、河の中の石の上に立って、釣針を捧げて〔神意をうかがうために〕祈誓して仰せられるには、『朕《わたくし》は新羅を征伐してその財宝を求めたく思っている。そのことがうまく成就して凱旋するならば、こまやかな鱗《うろこ》の魚（年魚）よ、私の釣針を呑め』と。いい終わって釣針を投じられると、ほんのしばしのあいだに、はたしてその魚がかかった。皇后は『なんと希見物《めづらしいもの》ぞ』《希見をメヅラシという》と仰せられた。それにより希見国《めずらのくに》といったが、今は誰って松浦の郡といっている。こういうわけでこの国の婦女たちは孟夏《はつなつ》四月には縫針を使って年魚を釣る。男は釣るには釣っても獲物がかからない」

とあります。

このことからも、『魏志倭人伝』の末盧国は『倭名類聚抄』の松浦郡で、『日本書紀』に松浦県《まつらのあがた》、また『肥前国風土記』に「松浦の郡」と記される、神功皇后の年魚《あゆ》釣り伝承の玉島川の流れる佐賀県浜玉町を中心とした、現在の唐津のことと思われます。

四　伊都国

『魏志倭人伝』には「東南陸行五百里到伊都國」とあり、『魏志』と『魏略』ではともに「伊都國」です。伊都国は中古音の「・ɪi、to」、上古音の「・ɪər、tag」から「イ・ト」と思われます。『倭名類聚抄』巻九には「筑前國第百二十五　怡土郡」とあり、「怡土」の音が「イト」と一致することから、伊都国は福岡県前原市南部の平野と思われます。

『日本書紀』の巻第九神功皇后摂政前記には、

「時《とき》に、適《たまたま》皇后《きさき》の開胎《うむがつき》に当《あた》れり。皇后、則ち石《いし》を取《と》りて腰《みこし》に挿《さしはさ》みて、祈《いの》りたまひて曰《まう》したまはく、

『事《こと》竟《を》へて還《かへ》らむ日に、茲土《ここ》に産《あ》れたまへ』とまうしたまふ。其の石は、今伊覩県《いまいとのあがた》の道《みち》の辺《ほとり》に在《あ》り」

とあります

雷山《らいざん》の麓の瑞梅寺川と川原川にはさまれた約六〇 haの三角地の三雲・井原の地域には三雲南小路遺跡、井原鑓溝遺跡があり、平原遺跡とともに王墓と推定されています。また、中国産の辰砂や中近東原産のファイアンス玉、朝鮮半島系の楽浪土器等の外来系遺物が多量に出土したことから、中国・朝鮮半島との交流の繁栄の跡がうかがえます。

五　奴国

奴国は、『魏志倭人伝』には「東南至奴國百里」とあります。『魏志』には「奴國」とありますが、『魏略』には記載がありません。

奴国は中古音の「no (ndo)」、上古音の「nag」、古音の「nou」の音韻の音のみの読みから「ノ」か「ナ」と思われ、『倭名類聚抄』巻九には「筑前国第百二十五　那珂郡《なかのこおり》」とあり、那珂の「那」が一致し、現在の福岡県那珂川市・春日市を中心とした地域と思われます。また、奴には「ノ」の発音があることから、博多湾の能古島《のこのしま》のノコの「ノ」にその名が残るとの見方もあります。

『日本書紀』巻第九の神功皇后摂政前記には、

「爰《ここ》に神田《みとしろ》を定《さだ》めて佃《つく》る。時《とき》に儺《な》の河《かは》の水《みづ》を引《まか》せて、神田に潤《つ》けむと欲《おもほ》して、溝《うなで》を掘る。迹驚岡《とどろきのをか》に及《いた》るに、大磐塞《おほいはふさが》りて、溝を穿《とほ》すこと得ず。皇后、武内宿禰《たけうちのすくね》を召《め》して、剣鏡《たちかがみ》を捧《ささ》げて神祇《あまつかみくにつかみ》を禱祈《いの》りまさしめて、溝《うなで》を通《とほ》さむことを求《もと》む。則ち当時《とき》に、雷電霹靂《かむとき》して、其《そ》の磐《いは》を踏《ふ》み裂《さ》きて、水《みづ》を通さしむ。故《かれ》、時人《ときのひと》、其の溝を号《なづ》けて裂田溝《さくたのうなで》と曰《い》ふ。」

と裂田の溝について記しています。

この裂田溝は溝を掘っている時に、大きな岩に突き当たって工事が一時中断してしまいましたが、神功皇后が武内宿禰に命じて神にお祈りをさせたところ、急に雷が鳴り響き、岩を砕き、それで無事に水を通すことができたという伝承です。

裂田溝の脇には「裂田神社」があり、神社境内にある「社団法人つくし青年会議所」作成の神社案内板には、

「裂田神社は安徳、宇竜頭にある。裂田の溝を記念して神功皇后を祀ってある。朱塗りの拝殿は間三間、入二間、絵馬がところ狭しと奉納され、その奥に神殿がある。神殿の扉には菊花の紋章がある。境内には明治三十九年の鳥居をはじめ、こまいぬ、注連掛石などが、杉の老木や古株と並び、裂田の溝が周りをめぐっている。例祭は十一月二十八日で、氏子の人たちが集まって火たきごもりをする」

と記されています。

また、『日本書紀』巻第二六の斎明天皇《さいめいてんのう》七年の条には、

「三月《やよひ》の丙申《ひのえさる》の朔《ついたち》庚申《かのえさるのひ》に、御船、還《かへ》りて娜大津《なのおほつ》に至《いた》る。磐瀬行宮《いはせのかりみや》に居《おはし》ます。天皇《すめらみこと》、此《これ》を改《あらた》めて、名をば長津《ながつ》と曰《のたま》ふ」

とあり、斎明天皇が九州に遠征《えんせい》の時に那《な》の大津《おおつ》（現在の福岡市南区付近）に上陸し、三宅《みやけ》（福岡市南区）に行宮をおいたことが記されています。

よって『日本書紀』の成立以前から「娜大津《なのおほつ》」つまりは「ナ」の名が使用されていたことが明らかです。

また、現在は那《な》ノ津《つ》と呼ばれ、付近を流れる河川は那珂川《なかがわ》と呼ばれています。これらの「那」の「ナ」にこの国名が残ると思われます。

対岸の春日市には、須玖《すく》・岡本《おかもと》遺跡などの重要な遺跡群があり、岡本《おかもと》遺跡からは朱塗《しゅぬ》りの甕棺《かめかん》・前漢《ぜんかん》鏡《きょう》・銅剣《どうけん》・銅鉾《どうほこ》・銅戈《どうか》・腕輪の銅釧《どうくしろ》・鉄刀《てっとう》・玉《ぎょく》類などが大量に発掘されています。また、春日市一体からは弥生時代を中心とする五〇箇所以上の遺跡が発掘されています。

一説には、志賀島で発見された漢委奴国王の金印の奴国も、これらの地域を含めた国ではないかといわれています。

六　不彌国

不彌国は、『魏志倭人伝』には「東行至不彌國百里」と記されています。

不彌国は中古音の「pɪəu、miě（mbiě）」、上古音の「pɪuəg、miĕr」から「フミ」に近い発音と思われます。

ところで「フ」と「ウ」の音韻については、『日本語大辞典』に「ある言語において、さまざまな要因によって、ある時期に特定の発音が規則的に変わること。日本語で、語頭以外のハヒフヘホが、平安中期にワヰウヱヲに変わったこと（ハ行転呼音）など。Phonetic change」とあるように、音韻変化が起こることから、「フミ」と記して「ウミ」と読むことになったものと思われます。

よって、『倭名類聚抄』巻九には「筑前国第百二十五　糟屋郡《かすやのこおり》」があり、そこに古来より存在する「宇《う》美八幡宮《みはちまんぐう》」の社名にその音が残ります。

『日本書紀』の巻第九神功皇后絶唱前期には、

「十二月《しはす》の戊戌《つちのえいぬ》の朔辛亥《ついたちかのとのゐのひ》に、誉田天皇《ほむたのすめらみこと》を筑紫《つくし》に生《あ》れたまふ。故《かれ》、時人《ときのひと》、其《そ》の産処《みうみのところ》を号《なづ》けて宇瀰《うみ》と曰《い》ふ。」

とあります。

このことから『日本書紀』の成立以前から「ウミ」の名が使用されていたことが明らかです。

また、江戸時代の福岡黒田藩の歴史学者で『筑前国続風土記』を記した貝原益軒の甥の貝原好古《こうこ》が記した『宇美八幡宮縁起』（「益軒全集」巻之五に、『筑前国続諸社縁起』の中の一つとして収められている）の八幡宮本紀《ほんき》巻之三神功皇后紀下には、

「神后三韓より歸《かえ》らせ給《たま》ひ、そのとし十二月十四日辛亥の日譽田皇子《ほむたのみこ》を、筑紫の蚊田《かた》に生給ふ。世俗に八幡大神の御誕生を、卯月《うづき》といふは訛なり。其事第四巻に詳《つばいらか》なり。故に時の人其所《そのところ》を改《あらた》め名づけて、宇彌《うみ》といふ」

「げにも此《この》宇彌の邑は八幡大神御誕生の霊地なればとて、敏達天皇《びだつてんのう》の御時、宮柱《ばしら》ふとしきたてて、神功皇后八幡大神を祭り奉る。後世に至りて五座とし、中殿に八幡大神を祝に奉り、左殿に寳満明神玉依姫《たまよりひめ》大祖大神、右殿に神功皇后、住吉大神を祭り奉る。凡我日本に、國として八幡宮を祭り奉らざるはなしといへども、此所は御降誕の地なれば、いにしへは、上朝廷《ちょうてい》より、下萬民《ばんみん》に至るまで、ことに尊崇ありし故、封戸、神田も多く寄附せられ、祠官、社僧七十餘人あり」

とあります。また、『宇美八幡宮志』所引の『宇美八幡宮史年表』にも「敏達天皇御宇創立（敏達天皇七年）」と記されています。

八幡宮の名前には、応神天皇《おうじんてんのう》を祭った神社の八幡宮の呼称の前に地名をつけたものが多くありますが、これらの神功皇后ならびに応神天皇御降誕《ごこうたん》の伝説にちなんで、敏達天皇七（五八〇）年より以前から同地がウミと呼ばれていたことが明らかです。

第三　二一国は古来より存在した

『魏志倭人伝』には、

「次有斯馬國　次有巳百支國　次有伊邪國　次有都支國　次有彌奴國　次有好古都國　次有不呼國　次有姐奴國　次有対蘇國　次有蘇奴國　次有呼邑國　次有華奴蘇奴國　次有鬼國　次有為吾國　次有鬼奴國　次有邪馬國　次有躬臣國　次有巴利國　次有支惟國　次有烏奴國　次有奴國此女王境界所盡」

とあり、女王卑弥呼が支配する二一国名が記されています。

これらの国名を中国古音の音韻の音のみをもとに読めば、その読みが『倭名類聚抄』の北部九州の郡郷名とほぼ一致することから、『魏志倭人伝』にある女王卑弥呼の制した二一国のそれぞれの国名が筑紫平野・筑後平野・佐賀平野、および大分県内の一部を含めた北部九州（山口県・愛媛県の一部を含む）にあることが明らかです。よって、耶馬臺国連合が北部九州にあったと思われます。

ここでは、二一国の国名もしくは修正後の国名の中国古音の発音が、『日本書紀』や『肥前国風土記』、『豊後国風土記』の地方名あるいは地名由来と同一もしくは酷似していることから、耶馬臺国連合国が北部九州の肥前、筑前、豊後の各平野部と、山口県と愛媛県にかけて存在したと思われることを検証します。

女王卑弥呼が制した21国

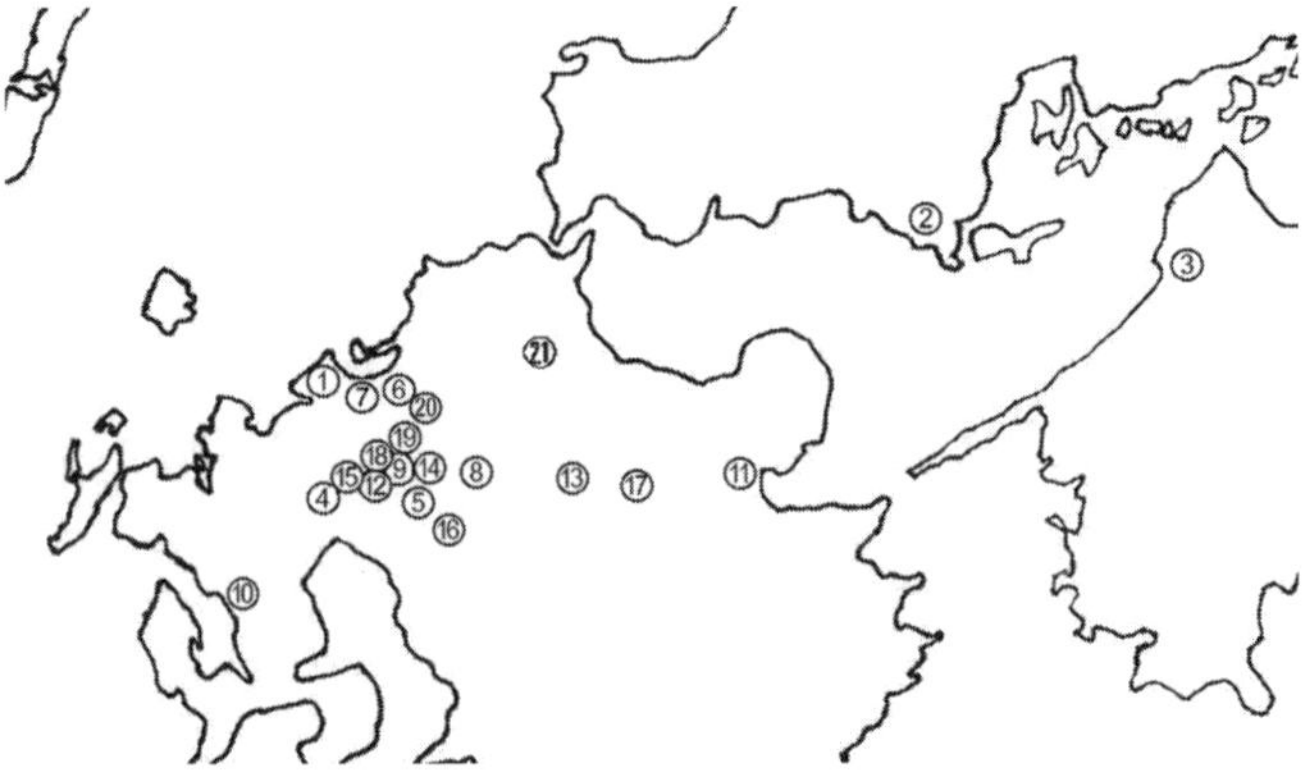

①次有斯馬國	②次有巳百支國	③次有伊邪國
④次有都支國	⑤次有彌奴國	⑥次有好古都國
⑦次有不呼國	⑧次有姐奴國	⑨次有対蘇國
⑩次有蘇奴國	⑪次有呼邑國	⑫次有華奴蘇奴國
⑬次有鬼國	⑭次有為吾國	⑮次有鬼奴國
⑯次有邪馬國	⑰次有躬臣國	⑱次有巴利國
⑲次有支惟國	⑳次有烏奴國	㉑次有奴國此女王境界所盡

一　彌奴国

彌奴国は『魏志倭人伝』の二一国では五番目の国として登場し、彌奴の音は中古音の「miĕ（mbiĕ）、no（ndo）」、上古音の「miĕr、nag」、あるいは奴の古音が「nou」であることから「ミ・ノ」か「ミ・ノゥ」と思われます。

『倭名類聚抄』巻九の筑後国第一二六に、三猪郡《みいののこおり》の記載（現在では三潴《みずま》と記すが、以前は水沼《みぬま》とも記した）があり、彌奴国はミノ国あるいはミノゥ国で、この「ミノ」に好字二文字の詔で「三」と「猪」の二文字があてはめられて「三猪」に、その読みは「ミイノ」に変化して『倭名類聚抄』の「三猪郡」になったと思われます。また一方では、「ミノゥ」から「ミノゥマ」を経て、好字二文字の詔で「水」と「沼」で「ミヌマ」に変化し、現在の「三潴郡《みずまぐん》」になったと思われます。

古来は「水沼郡」と記していたが、「沼」と同意義の「水の集まりとどまったところ」との意の「潴」の異字体の「瀦」を当てはめて「三瀦」と記して、その読みには「三沼」の「ミヌマ」から変化した「ミズマ」を使用していると思われます。しかし「瀦」にも、そのもとの「潴」にも、呉音・漢音ともに「チョ」であり、「ズマ」はありえません。

ところで、『日本書紀』の景行天皇の四年の条には、

「次妃襲武媛《そのたけひめ》、國乳別皇子《くにちわけのみこ》と國背別皇子《くにそわけのみこ》一《ある》に云《い》はく、宮道別皇子《みやぢわけのみこ》といふ。と豊戸別皇子《とよとわけのみこ》とを生めり。其《そ》の兄《いろえ》國乳別皇子は、是水沼別《これみぬまのわけ》の始祖なり。弟《いろど》豊戸別皇子は、是火國別《ひのくにのわけ》の始祖なり。」

とあり、「水沼」の名が記されています。また、一八年秋七月の条には、

「時《とき》に水沼縣主猿大海《みぬまのあがたぬしさるおほみ》、奏《まう》して言《まう》さく、『女神《ひめかみ》有《ま》します。名を八女津媛《やめつひめ》と曰《まう》す。常《つね》に山の中《うち》に居《ま》します』とまうす。故《かれ》、八女國《やめのくに》の名《な》は、此《これ》に由《よ》りて起《おこ》れり。」

とあり、「水沼縣主猿大海」の名が記されています。

また、この地方から日田にかけての山脈を「水縄」あるいは「耳納」と記して地元では「ミノ山」あるいは「ミノウ山脈」と呼ぶのも、この音によると思われます。このことから、現在の久留米市の一部を含

む三潴郡付近と思われます。

一方、榊原英夫氏によれば、

「天皇一行の案内役を務める水沼県主・猿大海は、筑後川下流域東岸（左岸）地域を支配する豪族である。水沼県《みぬまのあがた》は筑後国三潴郡《みぬまのこおり》から御井郡《みいのこおり》の地域で、現在の福岡県三潴郡《みずまぐん》・大川市《おおかわし》・筑後市《ちくごし》・久留米市《くるめし》西部地域にあたる。」

とあります。

よって、彌奴国は三潴郡を中心とする大川から筑後を経て久留米高良山《こうらさん》麓の御井郡までの地域で、そこには景行天皇の御代あるいはそれ以前から国が存在し、その国の名がミノ国であったであろうと思われます。

二　好古都国

好古都国は、『魏志倭人伝』の二一国中の六番目に登場します。

好古都の音は、中古音の「hau ko to」、上古音の「hog kag tag」から「ハ・カ・タ」と思われます。

一方、『倭名類聚抄』の郡郷名にはこの発音の地名は登場しませんが、現在の福岡市に「博多《はかた》」の地名と箱崎《はこざき》、筥崎《はこざき》、筥松《はこまつ》の「ハコ」音の残る地名があり、これらがその流れをくむと思われます。

古文献の中では、松下見林の『異稱日本傳』第二冊中の『異稱日本傳中之五引用書目図書編　図書編巻

五十　潛初子岳元聲訂　南昌後学章潢本清甫編　古東夷考略日本國序』に「爲法哈嗟卽博多之別名也」とあり、「法哈嗟《ハカタ》」の名が紹介されています。

また、博多には古来より博多の人々の氏神《うじがみ》として筥崎八幡宮が祭られています。筥崎八幡宮境内案内板には『筥崎八幡宮縁起』があり、そこには、

「筥崎宮は醍醐天皇の延長元（九二三）年に創建した。延喜式名帳に八幡大菩薩筥崎宮一座明神大社とある。宇佐・石清水宮と共に日本三大八幡として朝野の崇敬あつく、特に鎌倉時代以降は武神として武家の信仰をあつめた。」

とあります。また、周辺地名の箱崎《はこざき》、筥松《はこまつ》などの地名から、九二三年の筥崎宮創建以前より、「ハコ」音のつく地名が存在したと思われます。

周辺地域には那珂遺跡や比恵遺跡などの多重環濠集落があり、比恵遺跡と板付遺跡からは水田跡と農具が発掘されています。また、藻塩焼きの跡と想定される海藻につく貝殻の焼けたものが海藻類の灰と混じって一緒に発掘され、この地域で古くから温帯ジャポニカの水稲稲作と藻塩での製塩が行われ、それによりミネラルの補給が行われたと思われます。

「好古都」は『倭名類聚抄』の郡郷名に直接の記載はありませんが、地域名としてはそのまま「法哈嗟《ハカタ》」あるいは「博多《はかた》」の名で受け継がれ、あるいはこの音がハコタに変化し、そのハコの音のみが箱崎《はこざき》、筥崎《はこざき》、あるいは筥松《はこまつ》の地名音として残ったものと思われます。

よって、好古都国は現在の福岡県福岡市博多から箱崎にかけての地域と思われます。

三　対蘇国

対蘇国は、『魏志倭人伝』の二一国中の九番目に登場します。対蘇の音は中古音の「tuəi、so」、上古音の「tuəd　sag」から「ト・ソ」に近い音とわかり、『倭名類聚抄』巻九の肥前国第一二九の養父郡鳥栖郷《やぶのこおりとすのごう》がその発音に近似しています。よって対蘇は「トソ」で、これが「トス」に変化し、それに好字二文字の詔で「鳥」と「栖」の字があてはめられて鳥栖《とす》に変化したと思われます。

『肥前国風土記』の鳥樔《とす》の郷の条には、

「鳥樔の郷　郡役所の東にある。
昔、軽島《かるしま》の明《あきら》の宮に天の下をお治めになられた誉田天皇《ほむだのすめらみこと》（応神天皇）のみ世に鳥屋《とや》（鳥小屋）をこの郷に造り、さまざまな鳥を捕り集めて飼い馴らして朝廷にみつぎものとしてたてまつった。それで鳥《と》屋《や》の郷といったが、後の代の人はこれを改めて鳥樔の郷といっている。」

とあります。また、同じく『肥前国風土記』の養父《やぶ》の郡の条に、

「昔、纏向の日代の宮に天の下を治められた天皇が巡って狩をなされたとき、この郡の人たちが部落総出で参集した。その時、天皇の御猟犬が出てきて吠えた。ところがここにひとりの臨月の産婦がいてこの猟犬を見ると、ただちに犬は吠えるのをやめた。そういうわけで「犬の声止《や》むの国」といったが、いまは訛って養父《やぶ》の郡といっている。」

とあります。

よって、この地域には古代より国が存在し、地名の「ヤブ」の音は景行天皇の御代に始まり、また、「トス」の音は応神天皇の御代に始まったことがわかります。そして、好字二文字の詔で「鳥」と「樔」の字があてられて、『肥前国風土記』の鳥樔郷になり、それが『倭名類聚抄』では「樔」が「栖」に変化して「鳥栖郷」になったと思われます。

これらのことから景行天皇の御代からのこの地の重要性がわかります。『肥前風土記』の成立以前から「ヤブ」と「トス」の名が使用されていたと思われます。

四　蘇奴国

蘇奴国は、『魏志倭人伝』の二一国中の一〇番目に登場します。

蘇奴の音は中古音の「so、no（ndo）」、上古音の「sag、nag」から「ソ・ノ」とわかり、これに好字二文字の詔で「彼」と「杵」の字があてはめられて彼杵郡《そのきのこおり》になったと思われ、『倭名類聚抄』巻九の一七丁（四二四）肥後国第一二九の彼杵郡《そのきのこおり》が一致します。

『肥前国風土記』の彼杵《そのぎ》の郡の条には、

「昔、纏向の日代の宮に天の下をお治めになった天皇が球磨噲唹《くまそ》を誅滅して凱旋された時、天皇は豊前の国の宇佐の海べの行宮《かりみや》においでになり、侍臣の神代直《かみしろのあたひ》に命じてこの郡の速来《はやき》の村に遣って、土蜘蛛を捕えさせた。この時人が有った、名を速来津媛《はやきつひめ》という。この婦人が申すことには、「私の弟に名を健津三間《たけつみま》といい、健村《たけむら》の里に住んでいるものがあります。この人は美しい玉を持っております。名を石上《いそのかみ》の神の木蓮子玉《いたびだま》といいますが、いとおしんで固くしまいこみ、他人に見せようとしません」と。神代直《かみしろのあたひ》が健津三間を尋ね求めると、山を越えて逃げ、落石《おちいし》の峰《郡役所から北の山である》に逃げ去った。やがて追いつめてこれを捕え、その真偽を訊問すると、健津三間がいうことには、「いかにも二種類の玉をもっています。一つは石上《いそのかみ》の神の木蓮子《いたび》玉といい、一つは白珠《しらたま》といい、礵砆《しゅくふ》のような珍玉と思ってはいますが、どうぞ献上いたしましょう」と。〔速来津姫がまた申すには〕「名を篦簗《のやな》という人がこの川岸に住んでいます。この人も美しい玉を持っていますが、愛することこの上なしですから、きっと命令にしたがうようなことはありますまい」と申しあげた。そこで神代直はこの三種類の玉を捧げもって、還って天皇のお手もとに献じた。その時天皇は勅して、「この国は具足玉《そないだま》〔玉が充分に備わった〕国というべきだ」と仰せられた。いま彼杵《そのき》の郡とよぶのはこれを訛ったのである。」

とあります。

よってこの地方には古代から国が存在し、景行天皇の御代ののちは「ソナ」と呼ばれていたものが「ソノ」に変化し、それに好字二文字の詔により「彼」と「杵」があてられて彼杵郡に変化したと思われます。

これらのことから景行天皇の御代からのこの地の重要性がわかります。『肥前国風土記』の成立以前から「ソノキ」の名が、つまりは「ソノ」が使用されていたと思われます。

五　支惟国

支惟国は、『魏志倭人伝』の二一国中の一九番目に登場します。

支惟は中古音の「tʃiĕ、yiui」、上古音の「kieg、diuər」から「キ・イ」に近い音と思われ、これに好字二文字の詔により「基」と「肆」の字があてはめられて『倭名類聚抄』巻九の肥前国第一二九の基肆郡《きいのこおり》になったと思われます。

『日本書紀』の巻第二七には、

「達率憶禮福留《だちそちおくらいふくる》・達率四比福夫《しひふくぶ》を筑紫國に遣《まだ》して、大野《おおの》及び椽《き》、二城《ふたつのき》を築かしむ。」

とあり、六六六年の白村江《はくすきのえ》の戦《たたか》いでの唐《とう》・新羅《しらぎ》連合軍への敗北を機に大野城《おおのじょう》と基肆城《きいのき》を築いたことが記されています。

基肆城《きいじょう》（地元では「きいのき」という）は佐賀県基山町と福岡県筑紫野市にまたがる基山《きざん》（標高四〇四m）を中心に作られた朝鮮式山城《ちょうせんしきやまじろ》で、大宰府の背後の四王寺山《しおうじやま》に築かれた大野城とともに大宰府防衛と全土防衛の要衝《ようしょう》です。その列石《れっせき》は四・三kmに及んで土塁《どるい》が尾根《おね》を巡《めぐ》り、頂上の一kmあまり下には南北に三ヶ所の城門と南辺の谷口に幅一m、高さ一・四m、長さ一〇mの大規模な水門が設けられています。

『万葉集』の巻第五の八二三番に、天平二（七三〇）年正月一三日に大宰帥大伴旅人《だざいのそちおおとものたびと》宅で催された梅見の宴での大監伴氏百代《だいけんばんじのももよ》の「梅の花散らくはいづくしかすがに　この城の山に雪は降りつつ」の歌があります。

また、基山の東麓には大宰府と肥前国や筑後国を結ぶ「城《き》の山道《やまみち》」と呼ばれる道が通り、『万葉集』の巻第四の五七六番にも「今よりは城の山道はさぶしけむ　我が通はむと思ひしものを」という大伴旅人が上京後に筑後守葛井連大成を悲歎して詠んだ歌があります。筑紫神社（筑紫野市原田）は筑紫の国魂《くにみたま》を祀る式内名神《しきないみょうじん》大社で、荒穂神社とともに木の神として基山頂上に鎮座していたものをいつのころか麓《ふもと》に移したといわれます。祭神は白日別神《しらひわけ》（筑紫神）、五十猛尊《いそたけるのみこと》で、また宝満神、坂上田村麻呂を配祀に祀るともいわれて、古代豪族の筑紫君や肥君が祭祀にかかわったとされ、創建年代《そうけんねんだい》は不詳ですが筑紫の国号《こくごう》起源説話の伝わる由緒ある古社です。

また、『筑後国風土記』の逸文に、

「公望案筑後国風土記云筑後国者本與筑前国合爲一国昔此両国之間山有峻狭坂住來之人所駕鞍韉被摩盡土人曰鞍韉盡之坂三云昔此堺上有麁猛神住來之人半生半死其数極多因曰人命盡神于時筑紫君肥君等占之令筑紫君等之祖甕依姫爲柷祭之自爾以降行路之人不被神害是以曰筑紫神四云爲葬其死者伐此山木造作棺輿因茲山木欲盡因曰筑紫国後分両国爲前後」

「公望案《きむもちあん》ずるに、筑後国の風土記に云《い》はく、筑後国は、本《もと》、筑前の国と合せて、一つの国たりき。昔、此《こ》の両《ふたつ》の国の間《あひだ》に峻《さか》しく狭《さ》き坂《さか》ありて、住來《ゆきき》の人、駕《の》れる鞍韉《したくら》を摩《す》り盡《つく》されき。土人《くにひと》、鞍韉盡《したくらつく》しの坂と曰《い》ひき。三《つぎ》に云《い》はく、昔、此の堺《さかひ》の上に麁猛神《あらぶるかみ》あり、住來の人、半《なかば》は生《い》き、半ば死《し》にき。其数《そのかず》極《いた》く多《さは》なりき。因《よ》りて人の命《いのちつくし》　盡の神と曰《い》ひき。時に、筑紫君《つくしのきみ》・肥君等《ひのきみら》占《うら》へて、筑紫君等が祖甕依姫《おやみかよりひめ》を祝《はふり》と爲《な》して祭《まつ》らしめき。爾《それ》より以降《このかた》、路行《みちゆ》く人、神に害《そこな》はれず。是《ここ》を以《も》ちて、筑紫《つくし》の神《かみ》と曰ふ。四《つぎ》に云はく、其の死《し》にし者を葬《はふ》らむ爲《ため》に、此の山の木を伐りて、棺輿《ひとき》を造作《つく》りき。茲《こ》れに因《よ》りて山の木盡《つく》さむとしき。因《よ》りて筑紫《つくし》の国と曰ひき。後に両《ふたつ》の国に分《わか》ちて、前《みちのくち》と後《みちのしり》と爲《な》す。」

とあり、

①筑前筑後の間の山に嶮しく狭い箇所があり、往来の人は乗っていた鞍「革＋薦」「シタクラ」を磨り尽くされた。民人は「韉盡しの坂」と呼んだ。

②この堺の上に麁猛神がいて、往来の人、半ば生き、半ば死んだと言う。その数いたく多かったという。よって、「人の命尽しの神」と言った。時に、筑紫君と肥君が占い、筑紫君の祖甕依姫を祝として祭らせた。それより以降は神に害はれなかったと言う。これを以て「筑紫の神」と言う。

③その死んだ者を葬るために、木を切って棺輿を造ったので、山の木尽きてしまった。よって「筑紫の国」と言う。

の三説が筑紫の名の由来として記されています。

よって、「キ」あるいは「キイ」の山城のために基肄城と呼ばれ、その山裾を通る重要な道のために地名と城をかけて「城の山道」と呼び、さらには、「基肄城」と書いて地元では、「きいのき」と呼びます。

また、『肥前国風土記』の基肄《き》の郡の条には、

「昔、纏向の日代の宮に天の下をお治めになった天皇が巡行なされた時、筑紫の国の御井《みゐ》の郡の高羅《かうら》の行宮においでになって国内を遊覧なさると、霧が基肄《き》の山を覆っていた。天皇は勅して『この国は

霧の国とよぶがよい』と仰せられた。後の人は改めて基肄《き》の国と名づけた。いまは郡の名としている。」

とあり、この地域には古代から国が存在し、景行天皇の御代に「キリ」と名付けられ、その後「キ（キイ）」の音で呼ばれたと思われます。

これらのことから、景行天皇の御代からのこの地の重要性がわかり、また、『肥前国風土記』の成立以前、さらには『日本書紀』に記された「椽」の城の基肄城築城以前から「キイ」の名が使用されていたと思われます。

六　烏奴国

烏奴国は、『魏志倭人伝』の二〇番目の国として登場します。

烏奴の音は中古音の「・o、no（ndo）」、上古音の「・ag、nag」から「オ・ノ」と思われ、『倭名類聚抄』巻九の筑前国第一二五の御笠郡《みかさのこおり》の「大野郷《おおののさと》」が一致しています。

大野郷の四王寺山一帯に、基山の基肄城とともに日本最古の山城といわれる朝鮮式古代山城で、一九五二年三月に特別史跡に指定の大野城があり、『日本書紀』に、

「達率憶禮福留《だちそちおくらいふくる》・達率四比福夫《だちそちしひふくぶ》を筑紫國に遣《まだ》して、大野《おおの》及び椽《き》、二城《ふたつのき》を築かしむ。」

とあります。

大野城はオノの城からの命名と思われ、烏奴国つまりオノ国は現在の太宰府から大野城にかけての御笠川東岸の平野と思われます。

これらのことから、『日本書紀』に記された「大野」の城の大野築城以前から「オノ」の名が使用されていたと思われます。

ところで、『倭名類聚抄』の豊後国第一二八にも大野郡の記載があり、烏奴国が大分県大野郡を指す可能性もあります。

七　奴国

奴国は、『魏志倭人伝』の二一番目の国として登場します。

奴は中古音の「no（ndo）」、上古音の「nag」、古音の「nou」から「ノ」あるいは「ナ」と思われます。

ところで奴国の名は、前述の帯方郡から不彌国へ至る旅程中にも登場していますが、ここで再度登場することから、この奴国は前述の奴国とは別国と思われます。

前述の福岡県春日市周辺と思われる奴はその発音が「ナ」であることから、その周辺河川をナが（「の」の意味）川の意から那珂川《なかがわ》と呼び、その港をナの津の意味から那《な》ノ津《つ》と呼びます。またノの音から能古島等の名も残ると思われます。

またそれと同様に、ナが津との意味からナカ津と呼び、それに「仲」と「津」の好字があてはめられて仲津郡《なかつのこおり》になり、現在の田川郡仲津原になったと思われます。よって、奴国はナ国で、『倭名類聚抄』巻九の豊前国第一二七の仲津郡《なかつのこおり》が該当すると思われ、現在の福岡県田川郡を中心とする平野部と思われます。

『日本書紀』には、

「九月《ながづき》の乙未《きのとのひつじ》の朔《ついたち》戊辰《つちのえたつのひ》に、周芳《すはのくに》の娑麼《さば》に到《いた》りたまふ。時に天皇、南《みなみ》に望《のぞ》みて、群卿《まへつきみたち》に詔《みことのり》して曰《のたま》はく、「南の方《かた》に烟氣《けぶり》多《おほ》く起《た》つ。必《ふつく》に賊《あた》在《あ》らむ」とのたまふ。則《すなは》ち留《とどま》りて、先《ま》づ多臣《おほのおみ》の祖《おや》武諸木《たけもろき》・國前臣《こくさきのおみ》の祖《おや》菟名手《うなて》・物部君《もののべのきみ》の祖《おや》夏花《なつはな》を遣《つかは》して、其の状《かたち》を察《み》しめたまふ。爰《ここ》に女人《おみな》有《あ》り。神夏磯媛《かむなつそひめ》と曰《い》ふ。其の徒集《やから》甚《にへさ》多なり。一國《ひとくに》の魁帥《ひとごのかみ》なり。天皇の使者《つかひ》の至《まうく》ることを聆《き》きて、上枝《かみつえ》には八握劒《やつかのつるぎ》を挂《とりか》け、中枝《なかつえ》には八咫鏡《やたのかがみ》を挂《とりか》け、下枝《しもつえ》には八尺瓊《やさかのに》を挂《とりか》け、亦素幡《またしらはた》を船《ふな》の舳《へ》に樹《た》てて、参向《まうでき》て啓《まう》して曰《まう》さく、「願《ねが》はくは兵《いくさ》をな下《つかは》しそ。我《やつこ》が屬類《つもがら》、必《ふつく》に違《そむ》きたてまつる者《もの》有《あ》らじ。今將《いままさ》に歸徳《したが》ひなむ。唯《ただ》殘《あ》しき賊者《やっこはべ》有り。一《ひとり》をば鼻垂《はなたり》と曰《い》ふ。妄《みだり》に名號《な》を假《か》りて、山谷《やまたに》に響《おとな》ひ聚《あつま》りて、菟狹《うさ》の川上《かはかみ》に屯《い》結《は》めり。二《ふたり》をば耳垂《みみたり》と曰ふ。殘《そこな》ひ賊《やぶ》り、貪《むさぼ》り婪《おほ》きて、屢《しばしば》人民《おほみたから》を略《かす》む。是《これ》御木《みけ》本、此《これ》をば開《け》と云ふ。の川上《かはかみ》に居《はべ》り。三《みたり》をば麻剝《あさはぎ》と曰ふ。潛《ひそか》に徒黨《ともがら》を聚《あつ》めて、高羽《たかは》の川上に居《はべ》り。四《よたり》をば土折猪折《つちおりゐおり》と曰《い》ふ。緑野《みどりの》の川上に隱《かく》れ住《を》りて、獨《ひとり》山川《やまかは》の嶮《さが》しきを恃《たの》みて、多《さは》に人民《おほみたから》を掠《かす》む。是《こ》の四人《よたり》は、其《そ》の據《を》る所《ところ》並《ならび》に要害《ぬみ》の地《ところ》なり。故《かれ》、各《おのおの》眷屬《やから》を領《つか》ひて、一處《ひとところ》の長《ひとごのかみ》と爲《な》る。皆曰《い》はく『皇命《おほみこと》に従《したが》はじ』といふ。願《ねが》はくは急《すみやか》に撃《う》ちたまへ。な失《うしな》ひたまひそ」とまうす。」

とあり、豊前国の上毛郡・下毛郡の地域に耳垂という徒が、そして高羽（田川）の川上に麻剝という徒がいたとあります。

また『豊後国風土記』には、

「豊後の国は、もとは豊前の国と合せて一つの国となっていた。昔、纏向《まきむく》の日代《ひじろ》の宮に天の下をお治めになった大足彦天皇《おほたらしひこのすめらみこと》（景行天皇）はみことのりして、豊国直《とよくにのあたひ》らの祖の菟名手《うなて》を豊国を治めに派遣された。〔菟名手は〕豊前の国の仲津郡の中臣の村に行きついたが、その時日が暮れてしまったのでそこに旅の宿りをとった。その日が明けて夜明け方、たちまち白い鳥が出てきて北から飛んで来て、この村に舞い集まった。菟名手はさっそく下僕にいいつけてその鳥をよく見るように遣らせた。するとその鳥は見るまに化して餅となった。ほんのすこしのあいだに、こんどはさらに数千株もある芋《いも》草に化《な》った。花葉は冬でも栄えた。菟名手はこれを見て不思議なことに思い、すっかり喜んでいった、「鳥が生まれ変わった芋などというものは昔から一度も見たことはない。至高の徳が感応し、天地の神のめぐまれためでたいことのしるしである」と。とやかくして朝廷に参上して、この次第をことごとく天皇のお耳に入れた。天皇はこれを聞いてお喜びになり、やがて菟名手に勅して「天の神から下さったためでたいしるしの物、地の神から授かった地の豊草《とよくさ》である」と仰せられ、かさねて姓《かばね》を賜い豊国直《とよくにのあたひ》といった。これによって豊国というようになった。その後〔豊国を〕両つの国に分けたが、この国は豊後《とよくにのみちのしり》をもって国の名とした。」

とあります。

よって、この地に古代より国が存在し、仲津郡が豊前・豊後の豊国《とよくに》の名のもとであることから、さらにはこの地で土蜘蛛を誅殺したことから、景行天皇の御代からのこの地の重要性がわかります。

これらのことから『日本書紀』や『豊後国風土記』の成立以前から「ナカツ」つまりは「ナ」の名が使用されていたことがわかります。

八　巳百支国

巳百支国は、『魏志倭人伝』の二番目に登場します。

巳百支の音は中古音の「yiei、pʌk、tʃiě」、上古音の「diəg、păk、kieg」から「イ・ハ・キ」の発音と思われます。

『日本書紀』の景行天皇一二年の条には、

「九月《ながつき》の 乙未《きのとのひつじ》 の 朔《ついたち》 戊辰《つちのえたつのひ》 に、周芳《すはのくに》の娑麼《さば》に到《いた》りたまふ。」

とあり、熊襲征伐の九州巡幸時に天皇が最初に訪れた周芳《すはのくに》の娑麼《さば》（倭名類聚抄に、周防国佐波郡佐波郷とあり、現山口県防府市佐波）の名がみられます。その防府市佐波の近隣の光市には北部九州の八つの神籠石と同様に山を取り囲む列石群の石城山《いはきやま》神籠石（山口県熊毛郡大和村）があり、この地名に「イハキ」の音が残っています。

『魏志倭人伝』には、

「女王國東、渡海千餘里、復有國、皆倭種」

と倭種の記述があります。しかしなぜかここには国名の記載がありません。これは、女王卑弥呼が制した二一国の巳百支国がこの倭種の国であるため、すでにここに巳百支国として国名を記したために重複を避けて倭種の記載部分ではあえて国名を記さなかったものと思われます。

周防国佐波郡から玖珂郡石国郷（地名の「イワクニ（イハクニ）」の音にも「イハキ」の音が残ると思われる）の地域と思われ、『日本書紀』の景行天皇の条にも九州巡幸の最初の場所として登場することから、この地は古代から九州との関係が強く、景行天皇の御代にもこの地がいかに重要であったかがわかります。

九　伊邪国

伊邪国は『魏志倭人伝』の三番目の国として登場します。

伊邪の音は中古音の「・ɪĭ、yiă」、上古音の「・ɪər、ŋiăg」から、「イ・ヤ」と思われ、この音が音韻変化によって「イヨ」に変化して、好字二文字の詔により「伊」と「豫」の字があてはめられて『倭名類聚抄』の「伊豫国伊豫郡」になったものと思われます。

伊邪国の四国西部と巳百支国の山口県からは、九州の銅矛文化圏に属す特徴の広形・中広形銅矛や中広形銅戈等の弥生時代の青銅器が多量に出土（前著の、第三章「邪馬台国は朝倉であったはず」の「(二) 朝倉が、邪馬台国の要件を備えていることから」の「③邪馬台国となりえる要件を備えているはずであることから」の「武器」に掲載の「青銅武器の分布」を参照）しています。

『日本書紀』の斉明天皇七年正月の条には、

「庚戌《かのえいぬのひ》に、御船、伊予《いよ》の熟田津《にきたつ》の石湯行宮《いはゆのかりみや》に泊《は》つ。」

とあり、斉明天皇が百済救援のために九州の朝倉の宮への移動途中にも熟田津に滞在したとの記録があり、伊邪国と已百支国の北部九州との関係の強さがわかり、女王卑弥呼が制した耶馬臺国連合の一つと思われます。

一〇　不呼国

不呼国は、『魏志倭人伝』の七番目の国として登場します。

不呼の音は中古音の「pɪəu、ho」、上古音の「pɪuəg、hag」から「ウ・ハ」で『倭名類聚抄』巻九の筑前国第一二五の「生葉郡」が近いと思われます。この「フ」と「ウ」も音韻変化により変化したものと思われます。

この音がウクハに変化し、それが『日本書紀』景行天皇の条のウキハあるいはイクハに変化して、好字二文字の詔により「生」と「葉」の字があてはめられて『倭名類聚抄』の「生葉」に、そしてその音から変化して「浮」と「羽」があてはめられて『日本書紀』の「浮羽」に変化し、現在の浮羽に変化したと思われます。

『日本書紀』巻第七の景行天皇一八年八月の条には、

「八月《はつき》に、的邑《いくはのむら》に到《いた》りて進食《みをし》す。是《こ》の日《ひ》に、膳夫等《かしはでたち》、盞《うき》を遺《わす》る。故、時人《ときのひと》、其《そ》の盞《うき》を忘《わす》れし處《ところ》を號《なづ》けて浮羽《うきは》と曰《い》ふ。今的《いまいくは》と謂《い》ふは訛《よこなば》れるなり。昔筑紫《むかしつくし》の俗《くにひと》、盞《うき》を號けて浮羽《うきは》と曰《い》ひき。」

とあり、この地方には古来より国が存在し、景行天皇が進食したことからもその国の重要さがわかり、また地名のウキハの由来がわかります。

耳納《みのう》山麓一帯は古墳時代後期には一〇〇〇基以上もの古墳が造られた地域で、装飾古墳も多数発見されています。珍敷塚《めずらしづか》古墳の壁画の左上には大きな同心円文《どうしんえんもん》が、その下にはゴンドラ形の船がありその舳先《へさき》には鳥が止まり、櫂《かい》を持つ人物が船を操るのが見えます。また、中央には靫《ゆぎ》が三個並び、大きな蕨手文《わらびてもん》が左の靫の間から描かれています。右端の靫の隣には、弓《ゆみ》と盾《たて》を持った人物がおり、その下にはヒキガエルが二匹描かれ、上のヒキガエルの横には小円文が描かれています。原《はる》古墳の壁画には、中央に人と馬を乗せ、人が櫂を操る大船が描かれ、船の左隅と上部に、三個の靫、弓を持つ人物などが描かれています。鳥《とり》船塚《ふねづか》古墳の壁画には、二本の帆柱を持った船が描かれ、桟橋《さんばし》に着岸の様子の中国船かと思われ船に、櫂を操る人物、舳先と艫《とも》に前向きに止まった鳥、後方には立った人物が描かれています。日岡《ひのおか》古墳の壁画には、同心円文や三角文、蕨手文が中心ですが、弓矢を入れる道具の靫、太刀や盾、船や魚、獣などが描かれています。

これらの古墳の壁画には大型船や馬を描いたものが多いことから、壁画を描いた人物は実際に大型船や馬を見ていたと思われます。

よって、この地域の人々が中国との交流が大変深かったことや、この地域に巨大な勢力の国が存在したことが推察されます。

また『豊後国風土記』の日田の郡の条には「昔、纏向の日代の宮に天の下をお治めなされた大足彦天皇が球磨贈於《くまそ》を征伐して凱旋された時、筑後の国の生葉《いくは》の行宮《かりみや》をお発ちになって、この都にお出ましになった」とあり、生葉の名が記されています。

これらのことから景行天皇の御代からのこの地の重要性がわかり、また『日本書紀』や「豊後国風土記』の成立以前から「ウキハ」や「イクハ」の名が使用されていたものと思われます。

一一　呼邑国

呼邑国は、『魏志倭人伝』の一一番目の国として登場します。

呼邑の音は中古音の「ho、・ɪəp」、上古音の「hag、・ɪəp」から「ハ・ヤ」とわかり、『倭名類聚抄』巻九の豊後国第一二八の「速見郡《はやみのこおり》」が近似すると思われます。

『日本書紀』の景行天皇の一二年の条には、

「冬十月《ふゆかむなづき》に、碩田国《おほきたのくに》に到りたまふ。其《そ》の地形《くにかた》広《ひろ》く大《おほ》きにして亦《また》麗《うるは》し。因《よ》りて碩田《おほきた》と名《なづ》く。碩田、此をば於保岐陀《おほきた》と云う。速見邑《はやみのむら》に到《いた》りたまふ。女人《をみな》有《はべ》り。速津媛《はやつひめ》と曰《い》ふ。」

とあり、また『豊後国風土記』の速見の郡の条には、

「昔、纒向の日代の宮に天の下をお治めになった天皇が、球磨噲唹《くまそ》を誅しようと思って筑紫においでになり、周防の国の佐婆津《さばつ》から船出してお渡りになり、海部《あま》の郡の宮浦《みやうら》にお泊まりになった。その時この村に女人があった。名を速津媛《はやつひめ》といい、この処の酋長であった。さて天皇が行幸なさると聞いて親しく自身お迎えして申しあげるには、「この山に大きな岩窟《いわや》があります。名を鼠の岩窟といい、土雲が二人住んでいます。その名を青・白といいます。また直入の禰疑野《ねぎの》に土蜘蛛が三人あります。名を打猴《うちさる》・八田《やた》・国摩侶《くにまろ》といいます。この五人はみな人となりが強暴で、手下もまた多い。みな謡言《そし》って、天皇の命令には従うまいといっています。もし強いてお召しになろうとすれば、軍を催して抵抗するでしょう」といった。そこで天皇は兵士を派遣してその要害を押え、ことごとく誅滅した。こういうわけで名を速津媛《はやつひめ》の国といった。後の人が改めて速見《はやみ》の郡という。」

とあり、ともに景行天皇が熊襲《くまそ》巡幸《じゅんこう》の時に「碩田国」の「速見邑」つまりは「速見郡」に立ち寄ったことが記されています。

よって、この地に古代から「ハヤ国」が存在し、景行天皇の御代の後に「ハヤミ」に変化して好字二文字の詔により「速」と「見」の字があてはめられて速見になったと思われます。

これらのことから景行天皇の御代からのこの地の重要性がわかり、また『日本書紀』や『豊後国風土記』の成立以前から「ハヤ」の音や「ハヤミ」の名が使用されていたものと思われます。

一二　都支国は越支国

都支国は、『魏志倭人伝』の四番目の国として登場します。しかし都支国の「都」は「越」の誤りで「越支国」と思われます。楷書体の都と越の字は全く異なる字形で間違うことはありません。しかし草書では非常に酷似しています。このことからこの誤りが発生したと思われます。

越支の音は中古音の「ɦuʌt、tʃĭě」、上古音の「ɦuăt、kieg」から「ヲ・キ」と思われ、『倭名類聚抄』巻九の肥前国第一二九の「小城郡《おぎのこおり》」が一致し、越支国のヲキの音に、好字二文字の詔により「小」と「城」の字があてはめられて「小城郡《おぎのこおり》」になったと思われます。

『肥前国風土記』の小城《をき》の郡の条には、

「昔、この村に土蜘蛛があった。堡《をき》（とりで）を造ってこもり、天皇の命に従わなかった。日本武尊が巡幸された日に、みなことごとく誅しなされた。それで小城《をき》の郡と名付ける。」

とあり、この村の土蜘蛛が日本武尊《やまとたけるのみこと》の巡幸の際に誅されたとあることから、このオキの地名が景行天皇の皇子の御代の古来よりこの地にあったことが推察されます。

『肥前国風土記』では、堡《をき》を小城《をき》の由来として、ともにその読みを「をき」としています。我が国古来よりの仮名使いでも「越」は「ヲ」の変体仮名で使用し、「オ」の変体仮名では使用しないものですが、これも偶然ではないと思われます。

これらのことから景行天皇の御代からのこの地の重要性がわかり、また『肥前国風土記』の成立以前から「ヲキ」の名が使用されていたものと思われます。

一三　鬼国は卑国

鬼国は、『魏志倭人伝』の一三番目の国として登場します。

鬼の音は中古音の「kɪuəi」、上古音の「kɪuər」から「キ」です。しかし『魏志倭人伝』では「キ」の借字では「支」が既に明確に使用されることから、鬼は「キ」の借字でないことが推察されます。

ところで『魏志倭人伝』の倭国の女王の名前や狗奴国の王名あるいは官職名等を記した部分の借字で「卑」の字が使われていますが、これが、倭の女王の名の卑弥呼でも使用されていることから、卑は「ヒ」の借字と思われます。『魏志倭人伝』では、「鬼」も人名や国名あるいは官職等の固有名詞部分の借字として使用されることから「鬼」はいずれの発音の借字となりますが、そのことより以前に、鬼の字が卑の字の誤りではないかと思われます。

楷書体の鬼と卑の字はその形状にかなり相違があり、明らかに別字とわかります。しかし前著の第一章第三節二項の⑿号で前述のとおり、草書体の鬼と卑の字はほぼ同一です。その違いは最終画の払いの長さだけで、これをいずれの字と判断するかは見た人の主観によるため、どちらの字にも間違えられます。

陳寿の没後に皇帝の詔で行われた陳寿の家での筆写時に河南伊と洛陽令の役人達が誤ったもので、鬼国は卑国の誤りではないかと思われ、卑の音は中古音の「piĕ」、上古音の「piĕg」から「ヒ」の音に近いと思われます。よって、鬼国はヒ国のあやまりで『倭名類聚抄』巻九の豊後国第一二八の「海部郡日田郷《かいふのこおりひたのさと》」、もしくは「日田郡《ひたのこおり》」が近似し、大分県日田市ではないかと思われます。

日田市には日田神社があり、神社境内の『案内板』には、

「この日田神社は相撲の神様で、日田の郡司大蔵鬼太夫永季及びその祖永弘、永興の三柱を祭ってあります。永季は相撲が強く日田殿《ひたどん》と呼ばれ、後三条天皇の天覧相撲で出雲の小冠者を倒して優勝したといわれ、天覧相撲には十五回程出場し、相撲の神様としてあがめられています。」

とあり、鬼太夫と日田殿の音の関係が気になります。

また『豊後国風土記』には、豊後国中に日田郡《ひたのこおり》、玖珠郡《くすのこおり》、直入郡《なおりのこおり》、大野郡《おおののこおり》、海部郡《あまのこおり》、大分郡《おほきたのこおり》、速見郡《はやみのこおり》、国埼郡《くにざきのこおり》の八郡《こおり》の名がみえています。

『豊後国風土記』の日田《ひた》の郡の条には、

「昔、纏向の日代の宮に天の下をお治めなされた大足彦天皇が球磨贈於《くまそ》を征伐して凱旋された時、筑後の国の生葉《いくは》の行宮《かりみや》をお発ちになって、この郡にお出ましになった。ここに久津媛《ひさつひめ》といふ名の神があったが、人間に化為《な》ってお出迎えに来て、この国の国状をよく判断して言上した。こういうわけで

久津媛の郡という。いま日田郡といっているのは、それの訛ったものである。」とあり、浮羽から日田に凱旋の景行天皇を日田の久津媛という神が人となって現れて迎えたが、この久津媛が訛り日田になったと記されています。

よってこの地に古代より国が存在し、景行天皇の御代には「ヒサ」と呼んでいたことが推察されます。卑国のヒの発音が景行天皇の時代にヒサに変化し、好字二文字の詔で「日」と「田」に置き換えられたものではないかと思われます。

『倭名類聚抄』の豊後国第一二八には海部郡《あまのこおり》の記載があり、そこには佐加《さか》、穂門《ほと》、佐井《さい》、丹生《にぶ》、日田《ひた》、在田《ありた》、夜關《よぜき》、日理《わたり》、父連《ゆきい》、石井《いしい》の一〇の郷があり、この中の日田郷《ひたのさと》に変化したと思われます。

しかし、同じく『倭名類聚抄』の豊後国第一二八には冒頭の郡として「日高郡《ひたのこおり》」の記載があり、そこには安伎《あき》、伊美《いみ》、来縄《くなわ》、田染《たしぶ》、津守《つもり》の五つの郷の名が記載されています。また『倭名類聚抄』の元和古活字本巻五の二六丁には「日田」に「比多《ひた》」の訓があります。このことからすれば「日高郡」を「ひたのこおり」と呼ぶことが明らかであり、ならば、『倭名類聚抄』には、海部郡の日田郷と日高郡の比多との二つの「ヒタ」が記載されていることになります。ところが、同じく豊後国第一二八の最後に記載された「國《こく》崎郡《さきのこおり》」の項にも武蔵《むさし》、来縄《くなわ》、国前《くにさき》、由染、阿岐《あき》、津守《つもり》、伊美《いみ》の七つの郷の記載があり「日高郡」と「國崎郡」の互いの郷の中の「伊美」「来縄」「津守」が全くの同一で、また「安伎」と「阿岐」は同音であり、さらには、「田染」と「由染」は「田」と「由」の文字が酷似していることからすれば、これらの『倭名類聚抄』の記載自体が不思議で気になるところです。

日田には北部九州の筑後平野（筑紫平野・佐賀平野・筑後平野を含めた総称としての）で特に多く発見される、張り出し部を持つ多重環濠を備えた集落が発見されています。日田盆地の北側の日田市大字小迫の通称《つうしょう》辻原《つじばる》と呼ばれる標高約一二四ｍの独立台地上に小迫辻原《おざこつじばる》遺跡《いせき》があり、周辺の同標高の宮ノ原・草場・山田・朝日・吹上などの台地からは弥生時代から古墳時代にかけての大規模な集落や墳墓等が確認されています。昭和六〇（一九八五）年からの大分県教委による九州横断自動車道の建設に伴う発掘調査で、小迫辻原遺跡の二基の環壕居館は三世紀末～四世紀初頭のものでわが国最古といわれ、同時期に併存していた可能性が強いと考えられ、一基は日常の生活の場、残る一基は政治的な祭祀儀礼の場と考えられています。よって日田には、大和政権の成立以前にすでに居館を構えた首長が存在していて、各地に弥生時代と違った支配体制が確立していたとも考えられ、さらにその後の調査で遺跡の周辺から同時代の壕や奈良時代の建物群が発見されています。

昭和八年には、日田市のＪＲ豊後三芳駅東方の日高町のダンワラ古墳から漢鏡とみられる国指定重要文化財の金銀錯嵌珠龍紋鉄鏡が出土しています。ダンワラ古墳は久津媛が景行天皇を出迎えた会所山の麓に位置し、隣接して欽明天皇の御代に日下部君らの祖の邑阿自がこの村に家宅を造って住まい靫部として使えたとの伝承の刃連町《ゆきいまち》があり、付近からは金錯鉄帯鉤が出土しています。

これらのことから景行天皇の御代からのこの地の重要性がわかり、裏付けられ、また『豊後国風土記』の成立以前から「ヒ」や「ヒサ」の名が使用されていたことが推察されます。

一四　躬臣国は躬須国

躬臣国は、『魏志倭人伝』の一七番目の国として登場します。

躬臣の臣は須の字の間違いで「躬須国」と思われます。楷書体の「臣」と「須」の字は全く異なった字形です。しかし草書体の須の偏の彡は一本の縦画で表現します。また旁の頁の目の三本の横画を省略して、穂先を引っかけただけでつなぎ、さらには両払いの「八」の部分を続けて横一画で書くことがあります。この場合の草書体の「臣」と「須」はほぼ同一で、非常に誤りやすいものです。

躬須国の発音は中古音の「kɪuŋ、siu」、上古音の「kɪoŋ、niug」から「ク・ス」とわかり『倭名類聚抄』巻九の豊後国第一二八の「玖珠郡《くすのこおり》」がその発音に一致します。

このことから躬臣国は躬須国の誤りで「クス国」と思われ、好字二文字の詔により「玖」と「珠」があてはめられて「玖珠郡《くすのこおり》」になったと思われます。よって、大分県玖珠郡玖珠町と思われます。

一五　華奴蘇奴国

華奴蘇奴国は、『魏志倭人伝』の一二番目の国として登場します。

華奴蘇奴の音は中古音の「ɦuǎ、no（ndo）、so、no（ndo）」、上古音の「ɦuăg、nag、sag、nag」から「カ・ノ・ソ・ノ」と思われます。この音に近い郡郷名では『倭名類聚抄』巻九の肥前国第一二九に

「神埼郡《かむさきのこおり》」があります。埼の字には、さき、きし、みさき、山のはし、の意があり、また『倭名類聚抄』の伊予国第一二三の伊予郡に神前の郷があり、この訓として加牟左岐《かむさき》とあることから、「サキ」には「前《まえ》」の意があると推測されます。

町の中心部を流れる城原川東の櫛田神社は今から一九〇〇年前に創祀と伝えられる神埼庄の総鎮守で、この伝承によれば「魏志倭人伝」の卑弥呼よりも古い時代からこの地に櫛田神社が存在することになります。

奈良・平安時代、佐賀にはたくさんの荘園がありましたが、中でも最大の荘園が皇室領荘園の神埼荘でした。神埼荘は鳥羽上皇の荘園であったことから平清盛は鳥羽上皇の院司であったことを理由に宗との貿易を行い、当時、中国宋船が有明海をさかのぼってここに来着しました。

一説には、神埼荘に着いた交易品は背振山脈の坂本峠を越して福岡県側に入り、那珂川の山田からは水運を利用して冷泉津に運ばれたといわれ、当時の冷泉津一帯には交易品を収蔵する蔵が立てられ、港が整備されていたのではないかともいわれています。

また一説には、神埼荘の櫛田神社を勧請して博多の冷泉津に櫛田神社を祀ったと言われ、現在博多区冷泉町の櫛田神社は博多の氏神、総鎮守として祀られています。

よって神の前の意を表すものとして『倭名類聚抄』巻九の神埼郡《かんざきのこおり》の条に宮所《みやどころ》があるものではないかと思われ、『倭名類聚抄』の神埼には加無佐岐と、そして宮所には美也止古呂と訓されています。

このことから華奴蘇奴国はカンスン（カムスム）で神住むの意を表し、これが神の前の意からカンサキ

（カムサキ）に変化して、好字二文字の詔により神と埼の字があてはめられて神埼に変化したと思われます。

よって田手川《たでがわ》と城原川《じょうばるかわ》にはさまれた現在の佐賀県の吉野ヶ里を含む吉野ヶ里町から神埼町にかけての平野と思われます。

また、『肥前国風土記』の神埼の郷の条に宮処《みやこ》の郷の名がありますが、所と処の字はどちらも同一字の新字体と旧字体の違いのため、宮所《みやところ》と宮処《みやこ》は同一と思われます。

『肥前国風土記』の神埼《かむさき》の郡の条には、

「昔、この郡に荒ぶる神があった。往来の人が多数殺害された。纏向の日代の宮に天の下をお治めになった天皇が巡狩されたとき、この神は和平《やわらぎ》なされた。それ以後二度と災いをおこすことがなくなった。そういうわけで神埼の郡という。」

とあり、また宮処《みやこ》の郷の条には、

「同じ天皇が行幸された時、この村に行宮を造営し奉った。それで宮処《みやこ》の郷という。」

とあります。

これらのことから、この地に景行天皇の御代に既にカムサキと呼ばれた国が存在したことが推察されます。また、ここに行宮を造営していることから、この時代にこの地が重要な位置を占めたことがわかります。

第六章　まとめ

『魏志倭人伝』を含めた陳寿の『三国志』は、王沈の『魏書』や魚豢の『魏略』、あるいは夏侯湛の『魏志』や韋昭の『呉書』などを整理して撰述し、陳寿の四九歳（二八一年）から五三歳（二八五年）までの四年あまりで撰述され、二八五年に成立したといわれています。

『三国志』は魏書三〇巻、呉書二〇巻、蜀書一五巻の全六五巻で成り立ち、魏書の巻第三〇は「烏丸鮮卑東夷伝第三十」と題され、「烏丸」・「鮮卑」・「夫餘」・「高句麗」・「東沃沮」・「挹婁」・「濊」・「韓」・「倭人」の九つの条が作られています。

この中の倭人の条が通称『魏志倭人伝』と呼ばれて、最古の写本の紹興本では一九八五文字からなり立っています。ところで、『魏志倭人伝』は『三国志』の三〇〇分の一の分量といわれ、『三国志』全体では、約六〇万もの文字が存在することからみれば、漢字書体中で最も速書できる書体の草書以外では、四年余りでの撰述は不可能です。

『三国志』の本文は漢文の棒書きで、そして、国名や人名等の固有名詞部分は読みに漢字を当てはめた借字で表現されています。

ところで陳寿の『三国志』は、中国の二八正史の一つに数えられることから、成立当時から中国正史の一つとして皇帝の手元に備えられたと思いがちですが、そうではなく、陳寿の没後に梁州大中正、尚書郎范頵等から皇帝への「願わくは採録を垂れんことを」との上表が出され、それを受けて、皇帝から河南伊と洛陽令に「筆写収得せよ」との詔が出され、そこで陳寿の生家で筆写収得されたものが中国正史として皇帝の手元に備えられることになったものです。

そのことから見れば、『三国志』の借字部分の誤字の原因は、その後のたび重なる写本製作時のものではなく、陳寿生家での筆写収得時には陳寿が死亡してから既に数年を経ていたことから、誤字と正字の判断と確認が出来ずに、そのことから写し間違いが生じた蓋然性が高いと思われます。

第一章の「陳寿の魏志倭人伝」では、書道史の観点から見れば、陳寿の『三国志』成立の二八五年当時において楷書体はその萌芽はあったものの正式書体としては存在せず、当時において実用書の通行書体として使用されていたのは草書であったこと、陳寿の『三国志』は最も速書できる書体の草書以外での撰述は時間的に不可能であること、『三国志』の原本は陳寿没後に陳寿生家で筆写収得されたものであること、『三国志』の借字部分の誤字は筆写収得時の写し間違いが原因の蓋然性が高いことをもとに、誤字と正字の、互いの草書殺字の比較により、誤字と正字は草書殺字が同一もしくは酷似していることを明らかにしました。

第二章の「魏志倭人伝の旅程」では、『魏志倭人伝』は『魏志』や『魏略』をもとにしていること、そして『梁書』は『魏志倭人伝』をも参考にしていると思われることから、帯方郡から耶馬臺国に至る全里程旅程、帯方郡から狗邪韓国に至る里程旅程、対馬国に至る里程旅程、一支国に至る里程旅程、末盧国に至る里程旅程、伊都国に至る里程旅程、奴国に至る里程旅程、不彌国に至る里程旅程の八つの里程旅程と、投馬国に至る日程旅程、耶馬臺国に至る日程旅程の二つの日程旅程の各旅程記事を、他文献の記述との比較検討をすることにより、『魏志倭人伝』と『魏志』と『魏略』の記述は、いずれの文献においてもほぼ同様の内容の表現であることから、当時の中国での認識としては、これらの各旅程の里程や日程が共通認識であり、また『魏志倭人伝』から約三四〇年後の『梁書』においてもほぼ同様の表現が使用されていることからすれば、三四〇年後の認識から見ても、それらの表現が共通認識であったことを明らかにしました。

また、『魏志倭人伝』の東の方位、渡海の方位、陸行の方位、「会稽東治之東」という方位、倭種の国の方位に関する記述から、『魏志倭人伝』の東の方位は真東とは異なり、日の出の方向の表現であって、『魏志倭人伝』の記述はほぼ正確であることを明らかにしました。

陳寿の『三国志』撰述の二八五年当時やその後の中国の人々の認識では、帯方郡から耶馬臺国までの全里程は一二〇〇〇里であること、「倭人は里数を知らず計るに日を以て」、つまりは日里換算であったこと、「水行」と「渡海」の表現は異なること、日里換算の一日の水行と渡海の距離は千餘里であり、日里換算の一日の陸行は六七里であったこと、そして、末盧国から不彌国までの陸行里程は七〇〇里であること、不彌国から耶馬臺国までの残里数は六〇〇里であることから近似距離であること、そして同残里数の六〇〇里は全里数一二〇〇〇里のわずか五％でしかないことを明らかにしました。

また、水行萬餘里は一〇日の旅程であること、水行二十日は二萬餘里の距離であること、水行一月は三萬餘里の距離であること、耶馬臺国までは水行十日陸行一月の旅程であることを明らかにしました。

そもそも伊都国以降の里程旅程と不彌国以降の日程旅程は『魏略』にはない旅程ですが、撰述のもとになった『魏志』では不彌国以降の投馬国への日程旅程と耶馬臺国への日程旅程の各冒頭部分には『魏志倭人伝』では削除されている「又」がありました。

ところで、この「又」は、各前段旅程が「又」の前で終了していて、「又」以降の旅程は「又」以前の前段旅程とは別の独立した旅程であることを表現していると思われます。よって、『魏志倭人伝』の旅程記事の「里程」と「日程」は別次元の旅程記事であること、そして、順次式旅程は「ためにする説」であって、耶馬臺国畿内説は現実に即していないこと、日程を後に表記する旅程記事はありえないこと、順次説の破たんは水行旅程記事から証明されること、南を東と読み替える根拠はありえないこと、順次式のみなし水行旅程はありえないこと、伊都国起点の放射説もありえないことを示し、真の旅程は帯方郡起点の放射説であることを明らかにしました。

第三章の「旅程解釈」では、そもそも、「距離表現」と「里程表現」は異なるものであり、「水行」と「渡海」は異なる旅程表現であり、帯方郡から狗邪韓国への旅程は「水行」という表現で「里程」七〇〇〇里イコール「距離」七〇〇〇里であるが、狗邪韓国から対馬国への旅程と対馬国から一支国への旅程と一支国から末盧国への旅程は、「渡海」という表現であり、各一〇〇〇里の旅程ではあるが「水行」と異なり、「渡海」の里数に「方」の里数を加算する必要があること、そして対馬国の方は四〇〇里で一支国の方は三〇〇里であることから、帯方郡から末盧国までの真の里程旅程距離は一〇七〇〇里であることを明らかにし、また帯方郡から耶馬臺国までの総里数は一二〇〇〇里であり、帯方郡から不彌国までの里数の合計は一一四〇〇里であることから、計算により不彌国から耶馬臺国への残里数は六〇〇里であることを明らかにしました。

第四章の「陳寿が記した倭国」では、倭国の大きさは周旋五〇〇〇里であり、それは、円周では小さすぎ、直径としても小さすぎ、日本全体では桁違いに大きすぎることを明らかにしました。

一日当たりの水行旅程を一〇〇〇里と換算する日里換算によれば水行十日は周旋五〇〇〇餘里であることから、倭国は九州であること、また『魏志倭人伝』には倭国の東には国名不詳の国と侏儒国、裸国、黒歯国という人々の特徴を表現した国名の倭種の国があること、倭国は最西にあることから九州のこと、さらには狗奴国は耶馬臺国の南にあり、狗古智卑狗という菊池出身の長官がいたであろうこと、そして、東の方位は真東ではなく日の出の方向であり北に偏っていること、会稽と東冶の場所は中国の地名であり、会稽から東冶の距離は対馬から九州南端の薩摩までの距離とほぼ同一であること、倭国は会稽東冶の東にあると認識されていたことを明らかにしました。

第五章の「魏志倭人伝の発音・借字の読み」では、固有名詞部分の借字は、日本の仮名と字義も使用法も同一と思われることから、帯方郡から耶馬臺国に至る里程旅程の倭国内六国の誤字は、草書殺字が同一もしくは酷似する正字と置換し、その読みを中国古音（上古音・中古音・古音）の音韻中の音のみで読み、あるものは音韻変換で読むことにより対馬国、一支国、末盧国、伊都国、奴国、不彌国が北部九州の玄界灘沿岸にあることを示しました。また、女王卑弥呼が制した二一国が北部九州を中心に存在し、倭名類聚抄をはじめそれ以前の歴史書の『日本書紀』や『風土記』等にもその地名や由来が登場することから、それらの二一国が古来より北部九州を中心に存在したことを明らかにしました。

この結果、『魏志倭人伝』の解釈において「順次式」の解釈は事実に即さず、また、当時あるいはその後の中国の人々の共通認識からも到底あり得ないものであり、また、『魏志倭人伝』の倭国内の六国と倭国の女王卑弥呼が制した二一国の場所の推察から、それらが北部九州に存在することや、『魏志倭人伝』の女王卑弥呼が都とした耶馬臺国は、倭国である九州北部の不彌国から六〇〇里の、不彌国に隣接する女王国の中に存在することを明らかにしました。

あとがき

陳寿の『魏志倭人伝』は、明治以降、さまざまな学者や研究者や愛好者等によって解釈されてきました。

これまで、『魏志倭人伝』の旅程解釈には、「順次説」の解釈がさも一般的かつ通説であるかのように考えられてきました。しかし順次式で解釈をすれば、どうしても、不彌国から耶馬臺国までの残里数と投馬国と記された殺馬国に至る日程旅程の「水行二十日」や、耶馬臺国に至る日程旅程の「水行十日陸行一月（三〇日）」との日程の、合算の「水行三十日陸行三十日」との間に大きな矛盾が発生してしまいます。

そしてついには、『魏志倭人伝』の里数は根拠のない出鱈目の数値であるとの説や、「南」は「東」の誤りであるとの説、遂にはそもそも耶馬臺国という国自体がなかったとの説や、耶馬臺国は外国にあったとの説まで論ぜられてきました。

しかしこれらの諸説は、そもそも、これらの論拠に至る原因の『魏志倭人伝』の解釈自体に問題があったのではないかと思われます。つまりは、これまでの「順次式の解釈」という通説や固定観念にとらわれたがために、かえって陳寿の『魏志倭人伝』の記述の解釈を間違えてしまったのではないかと思われます。

『魏志倭人伝』には、①『魏志倭人伝』の原本は陳寿の没後に陳寿の生家で筆写収得された陳寿自筆の原稿であること、②陳寿自筆原稿の書体は草書であったこと、また③『魏志倭人伝』の本文が漢文の棒書きであること、そのため、④固有名詞部分は借字表記で表現されているがその部分に多くの誤字が存在することなどの特徴があります。陳寿の『魏志倭人伝』では、このことの意味を正しく理解する必要がありますま。そしてそのことから、誤りのない解釈に至る必要があります。

本著では、『魏志倭人伝』と、その撰述のもとになった『魏志』と『魏略』、さらにはその後に『魏志倭人伝』をもとにしたと考慮される『後漢書』『梁書』などの文献記述との対比をすることによって、陳寿の撰述がどのようにしてできたかを知り、そこから解釈の道筋を見つけ出そうと試みました。

これらの行程の過程で、『魏志倭人伝』の解釈において、「順次式の解釈は誤りである」ことが明らかになり、「帯方郡起点の放射説」で解釈することによって、全てのフィルターに合致した解釈が可能であることを発見し、そして陳寿の『魏志倭人伝』がきちんとした整合性のある文書であることを説明したつもりですし、陳寿は、それまでのたくさんの文献や資料をもとに、その中からきちんと、正しい正確な文書を取捨選択し、できうる限りの文辞の完成度をもって撰述していたということです。

今回、陳寿が『魏志倭人伝』に記した、倭国の女王卑弥呼が都とした耶馬臺国の場所は、畿内なのかそれとも九州なのか、あるいはそれ以外の場所であったのかを様々な争点から検証してみました。

その結果、陳寿の『魏志倭人伝』の記述を正しく読み解けば、陳寿の記した倭国は九州のことであり、また、耶馬臺国のその場所は、「やはり北部九州でしかありえない」ということが明らかになりました。

里程旅程記事の表記一覧（資料1）

旅程＼出典	1	2	3	4	5	6	7	8	9	10
旅程	帯方郡から耶馬臺国	帯方郡から狗邪韓国	狗邪韓国から對馬国	對馬国の方	對馬国から一支国	一支国の方	一支国から末盧国	末盧国から伊都国	伊都国から奴国	奴国から不彌国
魏志倭人伝	① 自郡至女王國萬二千餘里	② 從郡至倭循海岸水行歴韓國乍南乍東到其北岸狗邪韓國七千餘里	③ 始度一海千餘里至對海國其大官日卑狗副日卑奴母離所居絶㠀	④ 方可四百餘里	⑤ 又南渡一海千餘里名日瀚海至一大國官亦日卑狗副日卑奴母離	⑥ 方可三百里	⑦ 又渡一海千餘里至末盧國	⑧ 東南陸行五百里到伊都國	⑨ 東南至奴國百里	⑩ 東行至不彌國百里
魏略	㋐ 自帯方至女國萬二千餘里	㋑ 從帯方至倭循海岸水行歴韓國到[illegible][illegible]（耶）[illegible]（韓）國七十（千）餘里	㋒ 始度一海千餘里至對馬國其大官日卑拘副日卑奴	㋓ 記載なし	㋔ 南度海至一支國置官至對同	㋕ 地方三百里	㋖ 又度海千餘里至末盧	㋗ 東南五東（百）里到伊都國	㋘ 記載なし	㋙ 記載なし
魏志	ⓐ 自帯方至女國萬二千餘里	ⓑ 從帯方至倭循海岸水行歴韓國從乍南乍東到其北岸拘耶韓國七千餘里	ⓒ 至對馬國戸千餘里大官日卑狗副日卑奴母離所居絕島	ⓓ 方四百餘里	ⓔ 又南渡一海一千里名日瀚海至一大國置官與對馬同	ⓕ 地方三百里	ⓖ 又渡海千餘里至末（末）盧國	ⓗ 東南陸行五百里到伊都國	ⓘ 又東南至奴國百里	ⓙ 又東行百里至不彌國
梁書	Ⓐ 倭者自云太白之後俗皆文身去帯方萬二千餘里大抵有會稽之東	Ⓑ 從帯方至倭循海水行歴韓國乍東乍南七千餘里	Ⓒ 記載なし	Ⓓ 記載なし	Ⓔ 始度一海海闊千餘里名瀚海至一支國	Ⓕ 記載なし	Ⓖ 又度一海千餘里名末（末）盧國	Ⓗ 又東南陸行五百里至伊都國	Ⓘ 又東南行百里至奴國	Ⓙ 又東行百里至不彌國

旅程と方の記号一覧（資料２）

旅程＼出典	1	2	3	4	5	6	7	8	9	10
旅程	帯方郡から耶馬臺国	帯方郡から狗邪韓国	狗邪韓国から對馬国	對馬国の方	對馬国から一支国	一支国の方	一支国から末盧国	末盧国から伊都国	伊都国から奴国	奴国から不彌国
魏志倭人伝	①	②	③	④	⑤	⑥	⑦	⑧	⑨	⑩
魏略	㋐	㋑	㋒	記載なし	㋔	㋕	㋖	㋗	記載なし	記載なし
魏志	ⓐ	ⓑ	ⓒ	ⓓ	ⓔ	ⓕ	ⓖ	ⓗ	ⓘ	ⓙ
梁書	Ⓐ	Ⓑ	記載なし	記載なし	Ⓔ	記載なし	Ⓖ	Ⓗ	Ⓘ	Ⓙ

里程と方の里数表記一覧（資料3）

	旅程＼出典	魏志倭人伝	魏略	魏志	梁書
1	帯方郡から耶馬臺国	萬二千餘里	萬二千餘里	萬二千餘里	萬二千餘里
2	帯方郡から狗邪韓国	七千餘里	七十（千）餘里	七千餘里	七千餘里
3	狗邪韓国から對馬国	千餘里	千餘里	千餘里	記載なし
4	對馬国の方の里数	可四百餘里	記載なし	四百餘里	記載なし
5	對馬国から一支国	千餘里	記載なし	一千里	千餘里
6	一支国の方の里数	可三百里	三百里	三百里	記載なし
7	一支国から末盧国	千餘里	千餘里	千餘里	千餘里
8	末盧国から伊都国	五百里	五東（百）里	五百里	五百里
9	伊都国から奴国	百里	記載なし	百里	百里
10	奴国から不彌国	百里	記載なし	百里	百里

旅程（水行・渡海・陸行）表記一覧（資料４）

旅程／出典	1	2	3	5	7	8	9	10
	帯方郡から耶馬臺国	帯方郡から狗邪韓国	狗邪韓国から對馬国	對馬国から一支国	一支国から末盧国	末盧国から伊都国	伊都国から奴国	奴国から不彌国
魏志倭人伝	水行十日 陸行一月	循海岸水行 歴韓國	始度（渡）一海	又南渡一海	又渡一海	東南陸行	東南	東行
魏略	記載なし	循海岸水行 歴韓國	始度（渡）一海	南度（渡）海	又度（渡）海	東南	記載なし	記載なし
魏志	又南水行十日 陸行一月	循海岸水行 歴韓國	記載なし	又南渡一海	又渡海	東南陸行	又東南	又東行
梁書	又南水行十日 陸行一月日	循海水行 歴韓國	記載なし	始度（渡）一海海 闊	又度（渡）一海	又東南陸行	又東南行	又東行

『参考・引用文献』

『異稱日本傳第一冊』　松下見林著　杉山二郎解説　国書刊行会　一九七五年

『「邪馬台国」はなかった―解読された倭人伝の謎―』　古田武彦著　朝日新聞社　一九七一年

『中国書道史（上）』　石橋啓十郎編　石橋啓十郎

『書の基本資料①漢字の研究（文字として）』　春名好重・三浦康廣・杉村邦彦編集　三浦康廣・鶴田一雄執筆　中教出版　一九九二年

『書道基本用語詞典』　春名好重（代表）編集　中教出版　一九九一年

『漢字―生い立ちとその背景―』　白川静著　岩波書店　一九七〇年

『中國書論大系　第一巻・漢魏晋南北朝』〔非草書、杉村邦彦譯〕〔説文解字叙、福本雅一譯〕〔四體書勢、上田早苗譯〕〔書品、興膳宏譯〕　中田勇次郎編集　二玄社　一九七七年

『現代語譯史記本紀』　小竹文夫・小竹武夫訳　弘文堂　一九五七年

『文検習字科の組織的研究』　奥山錦洞著　啓文社書店　一九三一年

『新訂魏志倭人伝他三篇―中国正史日本伝（1）―』　石原道博編訳　岩波書店　一九五一年

『新版魏志倭人伝』　山尾幸久著　講談社　一九八六年

『中国古代の歴史家たち』（―司馬遷・班固・范曄・陳寿の列伝釈注―）　福井重雅編　早稲田大学出版部　二〇

〇六年
『華陽国志』　中林史朗著　明徳出版社　一九九五年
『中国法書選14十七帖〈二種〉東晋王羲之』　原本京都国立博物館蔵他　渡邊隆男発行　二玄社　一九八八年
『書道大字典上・下』　伏見沖敬編　角川書店　一九七五年
『原色法帖選1書譜唐孫過庭』　台北故宮博物院　渡邊隆男発行　二玄社　一九八四年
『原色法帖選3集字聖教序東晋王羲之』　東京国立博物館　渡邊隆男発行　二玄社　一九八五年
『原色法帖選24王羲之尺牘集東晋』　原本御物　渡邊隆男発行　二玄社　一九八六年
『書の宇宙9』　石川九楊編　二玄社　一九九七年
『学研漢和大字典』　藤堂明保編　学習研究社　一九七八年
『中日大辞典　増訂第二版』　愛知大学中日大辞典編纂処　一九六八年
『角川漢和中辞典』　貝塚茂樹・藤野岩友・小野忍編　角川書店　一九五九年
『邪馬台国の言語』　長田夏樹著　学生社　一九七九年
『漢字音之系統』　後藤朝太郎著　六合館　一九〇九年
『倭名類聚抄―元和三年古活字版二十巻本』　中田祝夫解説　勉誠社
『宇美八幡宮誌』　宇美八幡宮宮司渡辺一生発行　宇美八幡宮　一九七九年
『益軒全集巻之五　八幡宮本紀巻之三神功皇后紀下』　益軒会編纂　益軒全集刊行部　一九一一年
『景行天皇と巡る西海道歴史紀行、わが国の起源を求めて九州をあるこう』　榊原英夫著　海鳥社　二〇〇六年

『筑前史談會講演集第一集（下）』 筑前史談會編纂 積善館支店 一九一四年
『東洋文庫145 風土記』〔『豊後風土記』・『肥前風土記』〕 吉野裕訳 平凡社 一九六九年
『日本書紀 下』 坂本太郎・家永三郎・井上光貞・大野晋校注 岩波書店 一九六五年
『吉野ヶ里遺跡と邪馬台国―遺跡分布から解く女王国の謎』 安本美典著 大和書房 一九八九年
『続日本紀（一）新日本古典文学大系12』 青木和夫・稲岡耕二・笹山晴生・白藤禮幸校注 岩波書店 一九八九年
『古地図と邪馬台国―地理像論を考える―』 弘中芳男著 大和書房 一九八八年
『原・日本人の謎 その起源を求めて』 邦光史郎著 祥伝社 一九八九年
『日本語大辞典 第二版』 梅棹忠夫・金田一春彦・坂倉篤義・日野原重明監修 講談社 一九八九年
『万葉集訳文篇』 佐竹昭広・木下正俊・小島憲之共著 塙書房 一九七二年
『魏志倭人伝の航海術と邪馬台国』 遠澤葆著 成山堂書店 二〇〇三年
『大唐六典』 廣池千九郎訓点・内田智雄補訂 財団法人モラロジー研究所 一九七三年
『古代人これだけの謎』 黛弘道 大陸書房 一九九一年
『魏志倭人伝の世界 邪馬壹国と卑弥呼』 山田宗睦著 教育社 一九七九年
『益軒全集巻之四（筑前国続風土記／筑前名寄／筑前国諸社縁起）』 貝原益軒著・益軒会編纂 益軒全集刊行部（東京） 一九一〇年
『春日市奴国の丘歴史資料館常設展示図録』 春日市奴国の丘歴史資料館編集 春日市奴国の丘歴史資料館 二〇〇五年

『第19回国民文化祭・ふくおか2004シンポジウム　邪馬台国の時代「奴国!」パンフレット』　第19回国民文化祭春日市実行委員会　第19回国民文化祭春日市実行委員会　二〇〇四年
『神道体系　古典注釈編七　延喜式神名帳注釈』　岩本徳一校注　財団法人神道体系編纂会　一九八六年
『日本の古典をよむ①古事記』　山口佳紀・神野志隆光校訂・訳　小学館　二〇〇七年
『日本神話』　中村啓　信・菅野雅雄著　桜楓社　一九七八年
『続神道体系　論説編　元亨釈書和解（二）』　曽根正人校注　財団法人神道体系編纂会　二〇〇二年
『朝倉風土記』　古賀益城編　聚海書林　一九八四年
『写経と修養』　田中塊堂著　創元社　一九六五年
『かな字林新修』　桑田笹舟監修　内山松魁堂　一九七五年
『神と鬼との間』　高倉盛雄著　高倉盛雄　一九七八年
『神と鬼との間　続編』　高倉盛雄著　高倉盛雄
『邪馬台国は筑紫にあった』　高倉盛雄著　あずさ書房　一九八一年
『あさくら路古代史散策マップ』　朝倉市まちづくりチャレンジ大学古代史ゼミ編　朝倉市まちづくりチャレンジ大学古代史ゼミ　二〇一〇年
『新版・卑弥呼の謎』　安本美典著　講談社　一九八八年
『[新パラダイムの古代通史] 日本誕生記（2）』　安本美典著　ＰＨＰ研究所　一九九三年
『新説！日本人と日本語の起源』　安本美典著　宝島社　二〇〇〇年

『高天原の謎』　安本美典著　講談社　一九七二年
『神武東遷』　安本美典著　中央公論社　一九七三年
『邪馬台国と卑弥呼の謎』　安本美典著　潮出版社　一九八七年
『吉野ヶ里遺跡と邪馬台国―遺跡分布から解く女王国の謎―』　安本美典著　大和書房　一九八九年
『季刊邪馬台国第109号』　安本美典編　梓書院　二〇一一年
『邪馬臺国の常識』　松本清張編　毎日新聞社　一九七四年
『邪馬台国―清張通史①』　松本清張著　講談社　一九七六年
『空白の世紀―清張通史②』　松本清張著　講談社　一九七七年
『カミと青銅の迷路―清張通史③』　松本清張著　講談社　一九七八年
『天皇と豪族―清張通史④』　松本清張著　講談社　一九七八年
『松本清張全集33　古代史疑・古代探求』　松本清張著　文藝春秋　一九七四年
『シンポジウム邪馬台国―流動する東アジアの中で―』　松本清張＋藤間生大＋上田正昭＋田辺昭三＋水谷慶一著　角川書店　一九七六年
『新稿　磐井の反乱』　原田大六著　三一書房　一九七三年
『邪馬台国論争』　原田大六著　三一書房　一九六九年
『邪馬台国の秘密』　高木彬光著　光文社　一九七三年
『古代天皇の秘密』　高木彬光著　角川書店　一九八七年

『齊明天智兩皇之御鴻業』　吉岡重實著　政教社出版部　一九三一年
『歴代天皇の実像』　所功著　財団法人モラロジー研究所　二〇〇九年
『中国の歴史』上　貝塚茂樹著　岩波書店　一九六四年
『消えた邪馬台国』　邦光史郎編著　廣済堂出版　一九八八年
『謎が謎を呼ぶ古代を解く』　黒岩重吾著　ＰＨＰ研究所　一九九九年
『九州古代史の謎』　荒金卓也著　海鳥社　一九九五年
『九州考古学散歩』　柴田勝彦著　學生社　一九七〇年
『地名学が解いた邪馬台国』　楠原佑介著　徳間書店　二〇〇二年
『誰にも書けなかった邪馬台国』　村山健治著　佼成出版社　一九七八年
『邪馬台国研究総覧』　三品彰英編著　創元社　一九七〇年
『奥野正男著作集１　邪馬台国はここだ―吉野ヶ里はヒミコの居城―』　奥野正男著　梓書院　二〇一〇年
『卑弥呼・邪馬台国の新研究』　梅田義彦著　東宣出版　一九七三年
『記紀以前の資料による古代日本正史』　原田常治著　同志社　一九七六年
『ポピュラー・サイエンス　稲のきた道』　佐藤洋一郎著　裳華房　一九九二年
『邪馬台国の言語』　長田夏樹著　學生社　一九七九年
『邪馬台国浪漫譚』～平塚川添遺跡とあさくら路～　原田実著　梓書院　二〇〇四年
『あさくら歴史探訪ガイド』　朝倉地域広域連携プロジェクト推進会議（朝倉市・筑前町・東峰村・福岡県）朝

倉広域観光協会　二〇一二年
『日田こそ卑弥呼の奥津城』　後藤英彦著
『まんが「日本の神話」』　光山勝治　財団法人モラロジー研究所　二〇〇五年
『朝倉町史』　朝倉町史刊行委員会編　朝倉町教育委員会　一九八六年
『甘木市史』　甘木市史編さん委員会編　甘木市史編さん委員会　一九八一年
『杷木町史』　杷木町史編さん委員会編　杷木町史刊行委員会　一九八一年
『夜須町史』　夜須町史編さん委員会編　夜須町史編さん委員会　一九九一年
『筑紫野市史　上巻・自然環境・原始古代・中世』　筑紫野市史編さん委員会編　筑紫野市史編さん委員会　一九九九年
『筑紫野市史　資料編（上）考古資料』　筑紫野市史編さん委員会編　筑紫野市史編さん委員会　二〇〇一年
『春日市史』　春日市史編さん委員会編　春日市　一九九五年
『日田市史』　日田市　日田市　一九九〇年

【著者紹介】

井上　悦文（いのうえ　よしふみ）

1957 年　福岡県甘木市（現朝倉市）生まれ。
祖先は秋月黒田藩の筆頭祐筆の家系、中学教諭
兼書道家の井上博介（蒼流）の三男。
西九州大学社会福祉学科卒業。父の後継として書道教室での指導開始、現在に至る。
邪馬台国研究家として、講演会、ツアーガイドなどで活躍中。

「草書体《そうしょたい》で解《と》く邪馬台国《やまたいこく》への道程《どうてい》　書道家《しょどうか》が読《よ》む魏志倭人伝《ぎしわじんでん》」

2019 年 9 月 1 日発行

著　者　井上悦文
発行者　田村志朗
発行所　㈱梓書院
〒 812-0044 福岡市博多区千代 3-2-1
tel 092-643-7075　fax 092-643-7095

印刷・製本　亜細亜印刷㈱

ISBN978-4-87035-652-8　